THIS BOOK BELONGS TO

_____

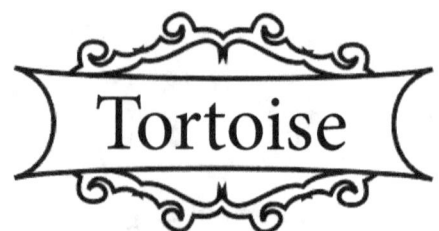

Tortoise

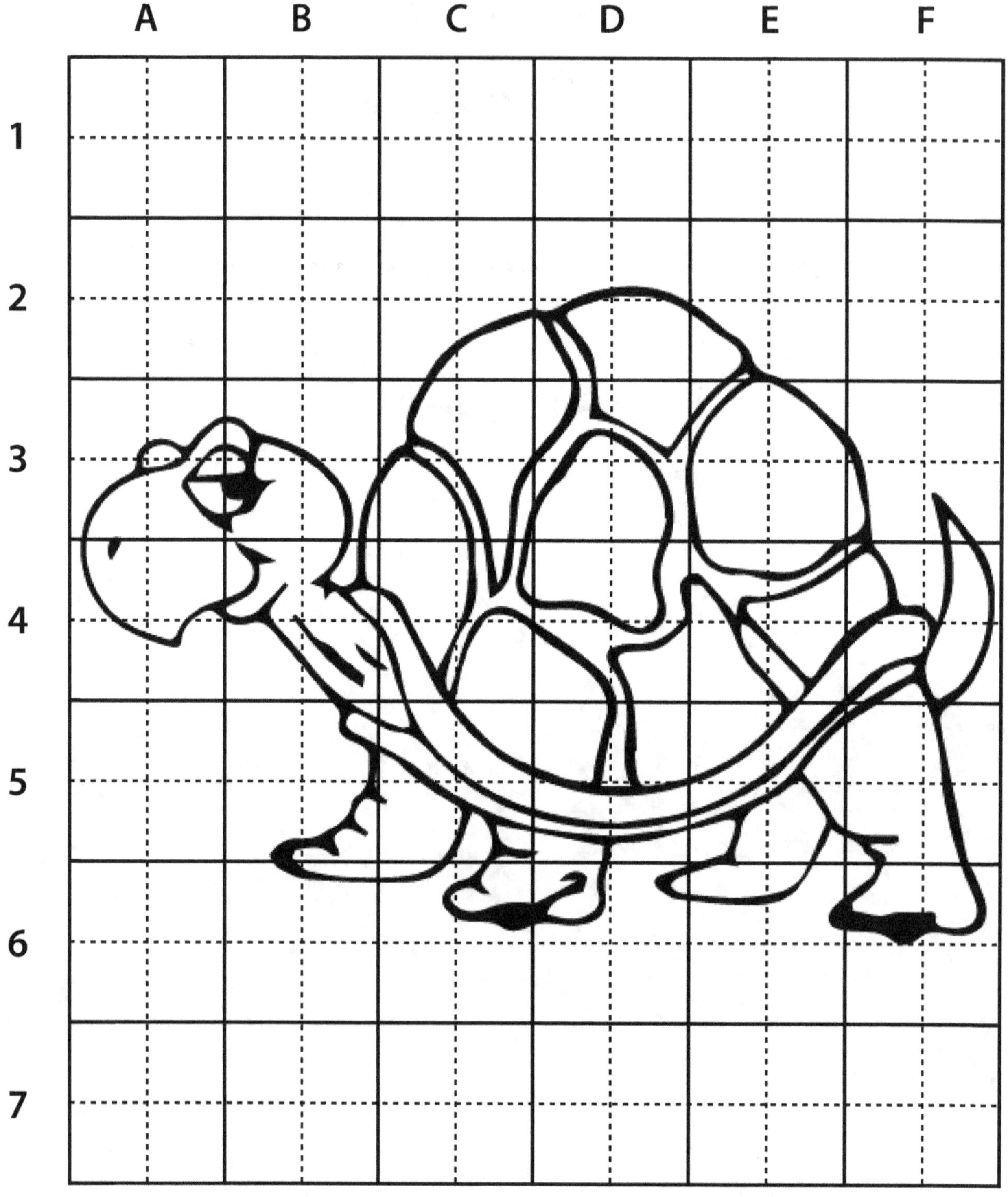

Your turn

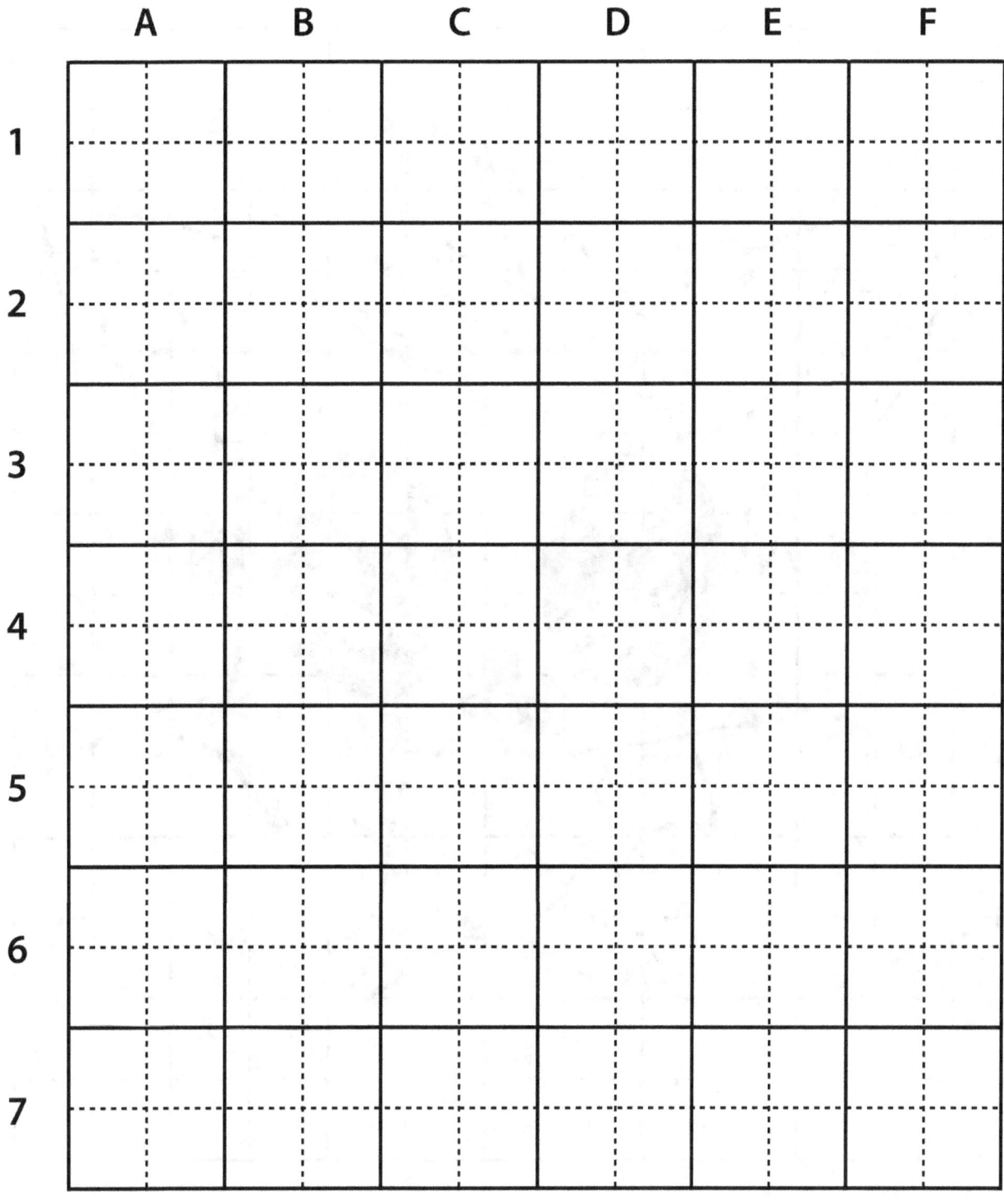

Bat

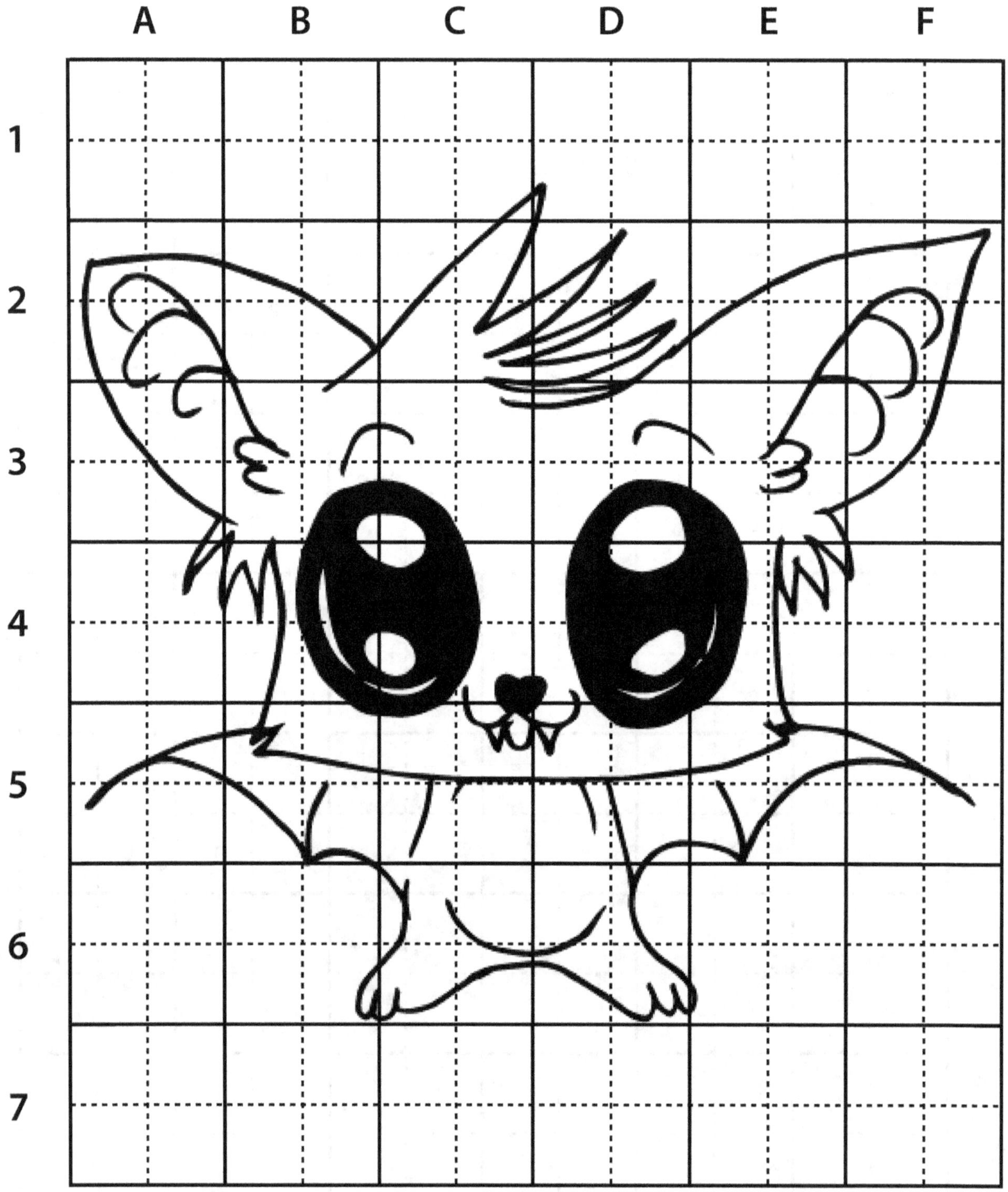

Your turn

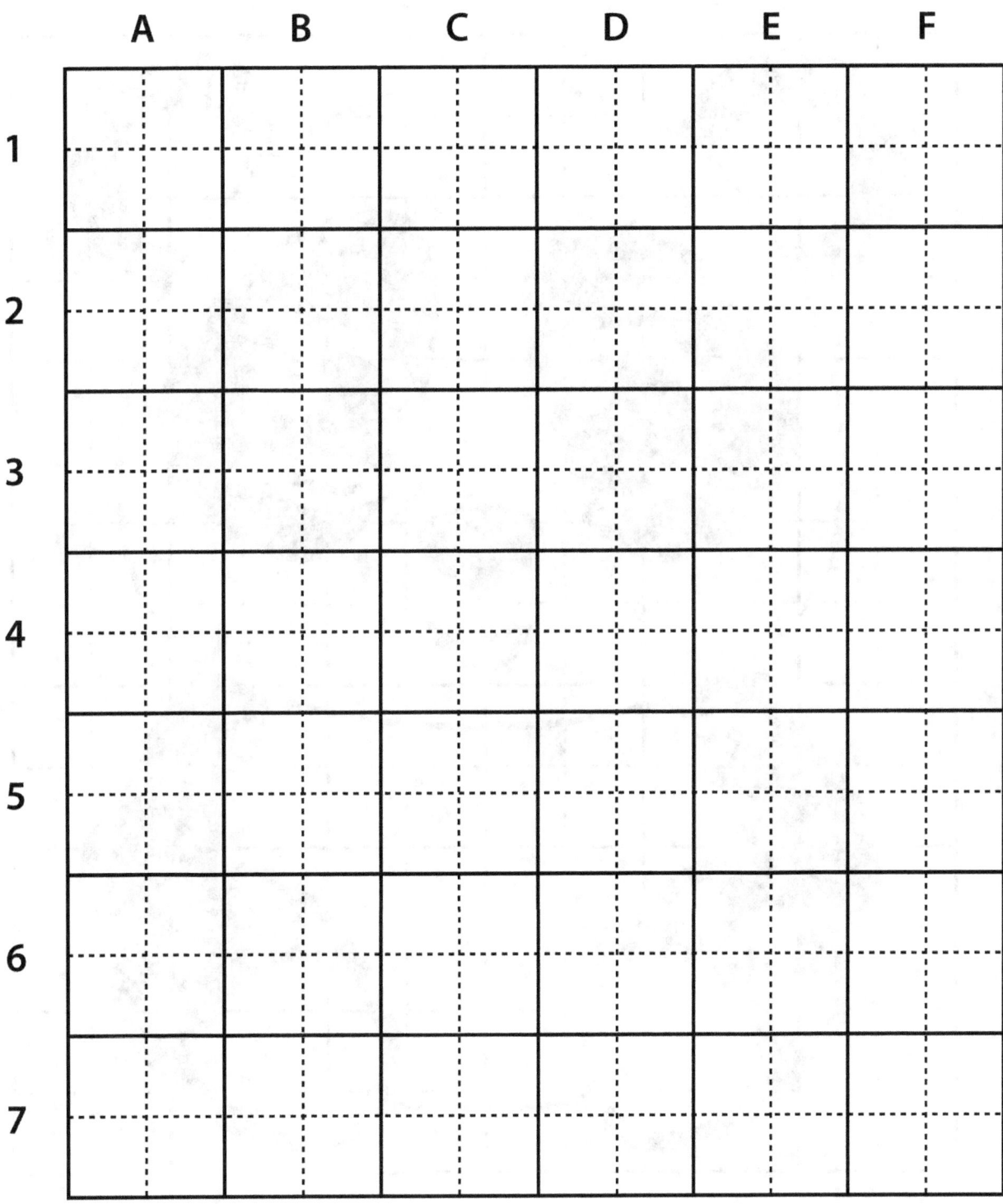

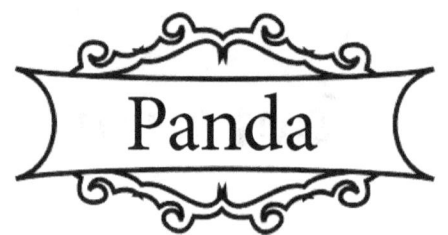

Panda

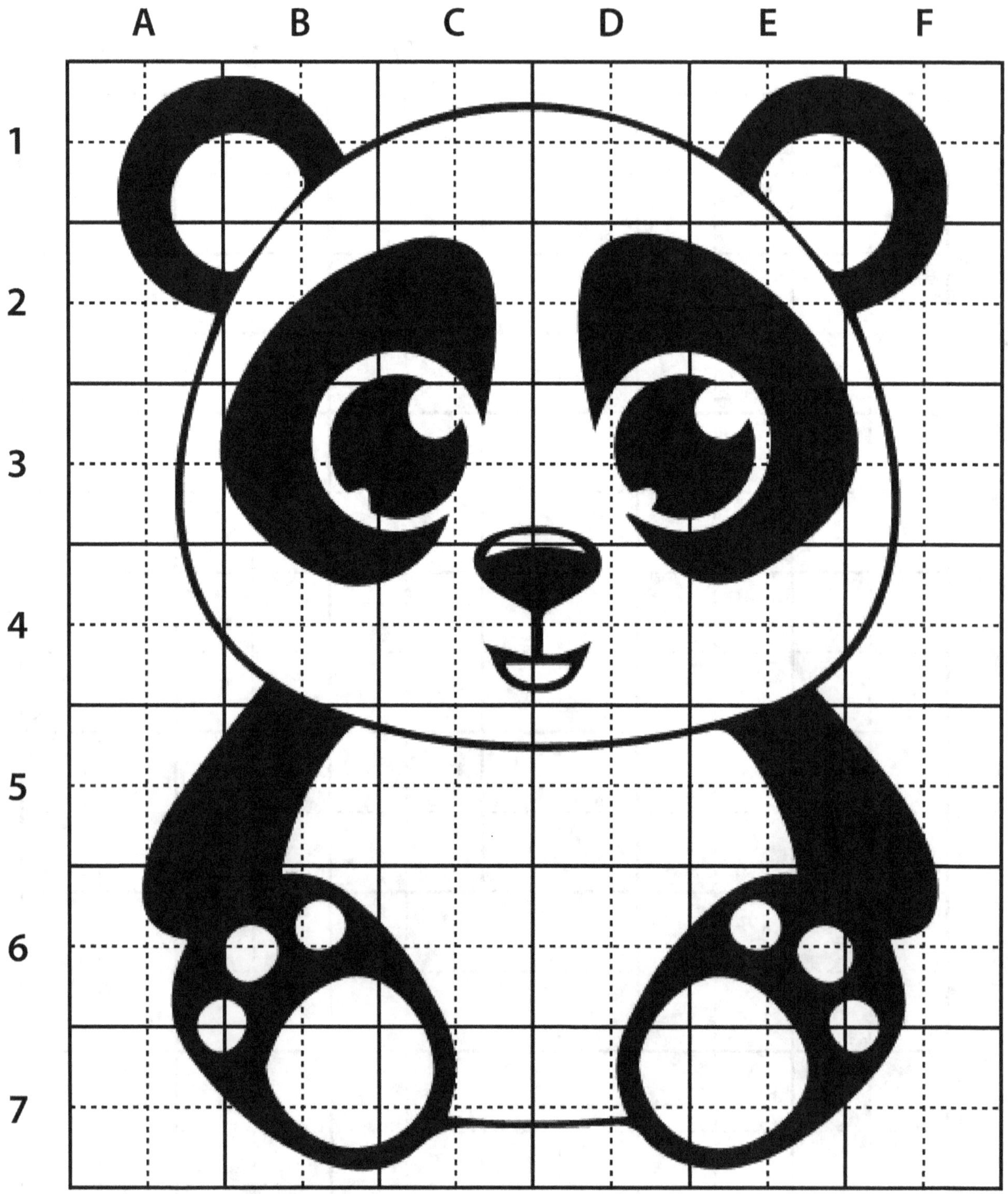

Your turn

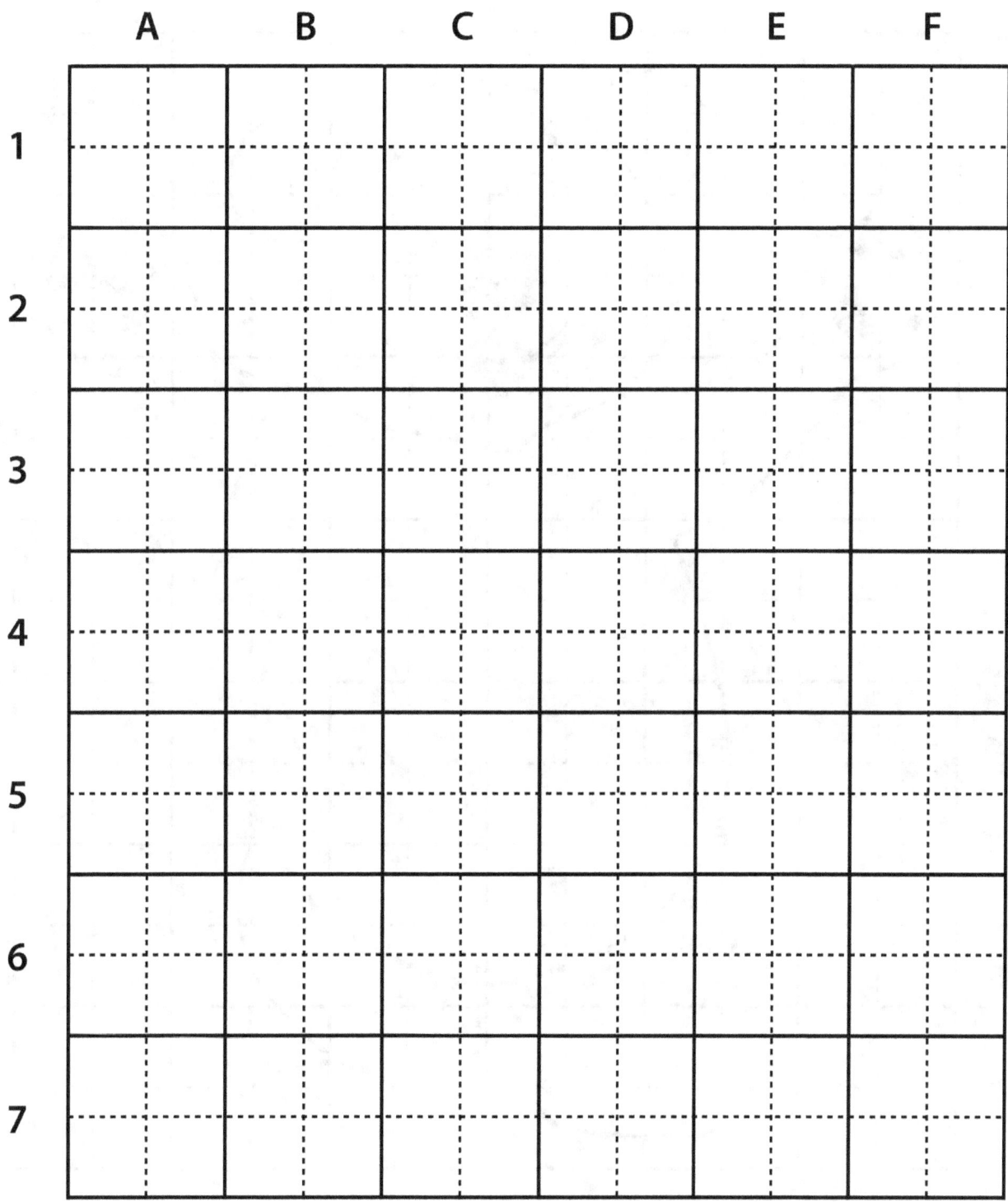

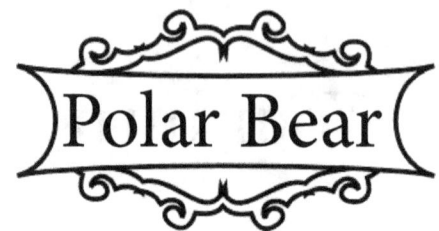

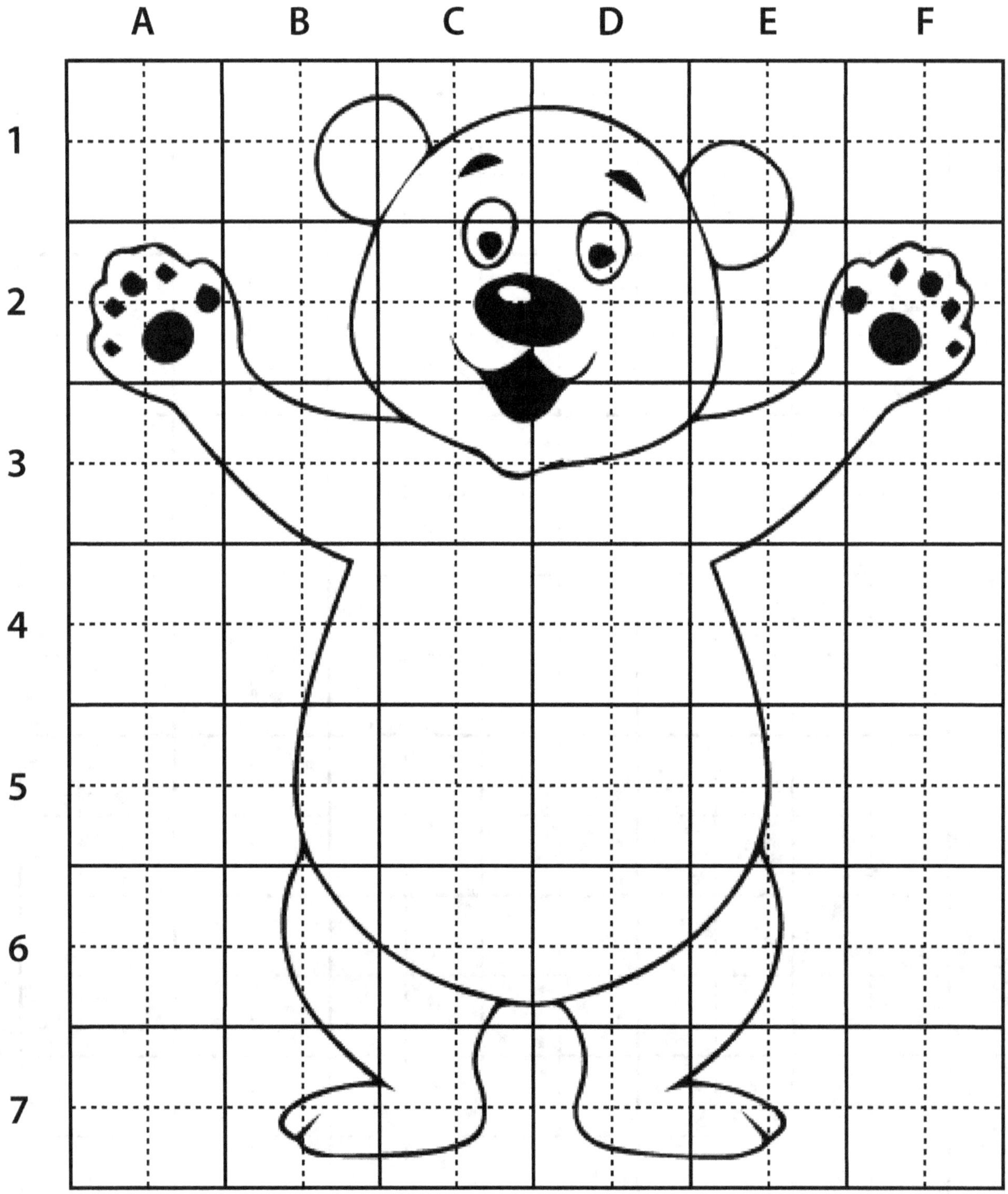

Your turn

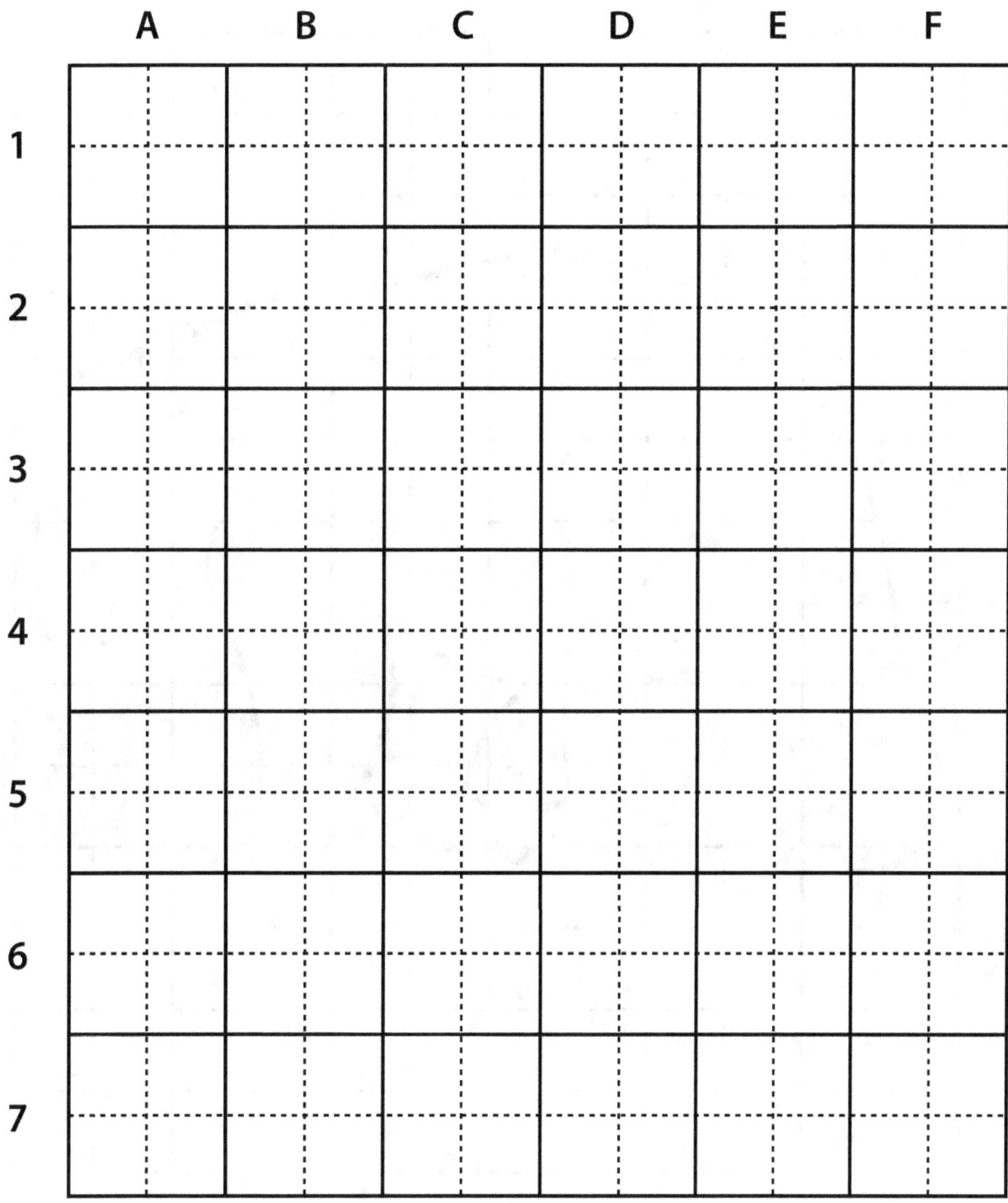

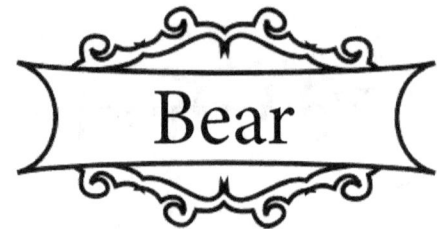

Bear

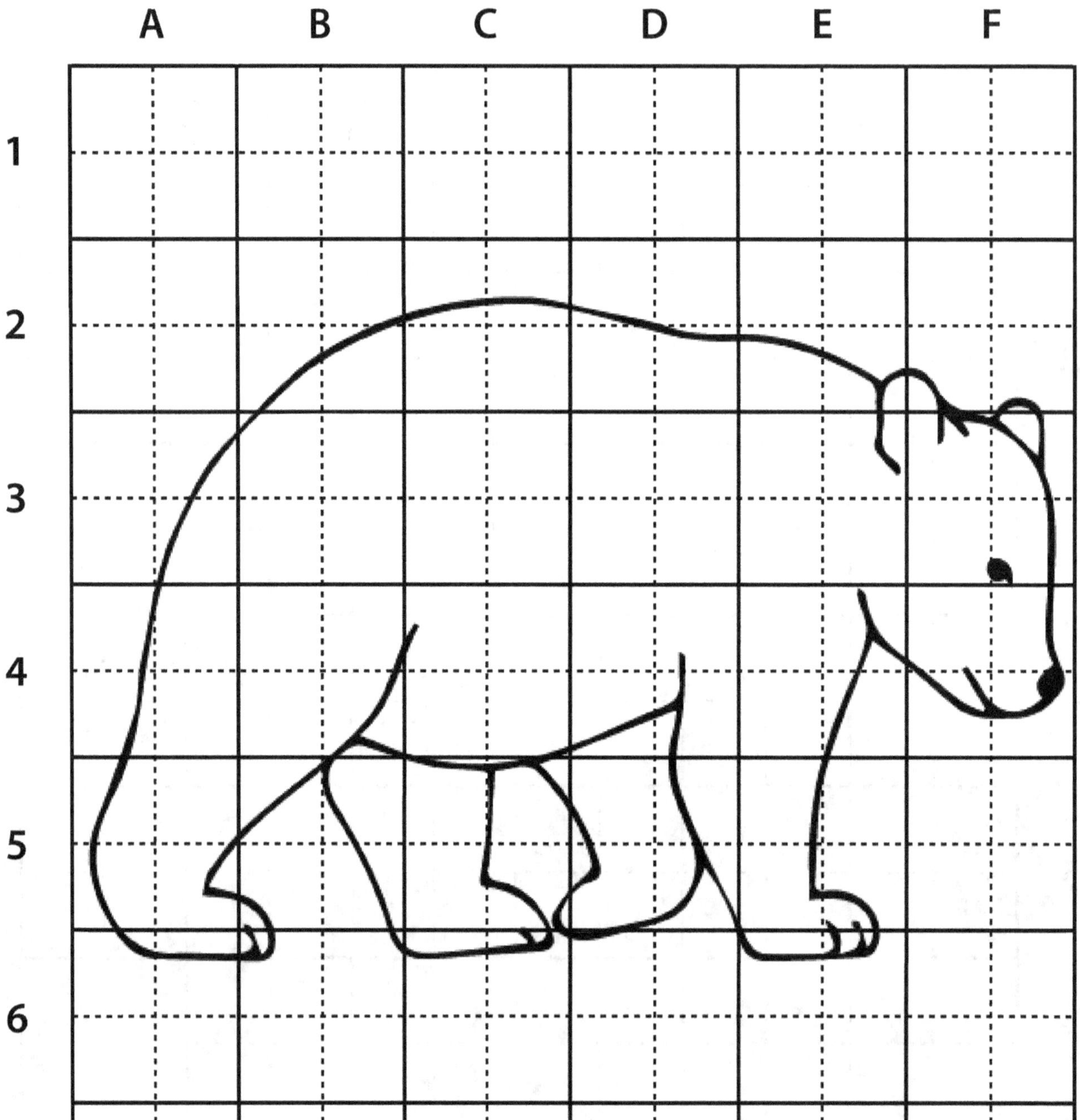

	A	B	C	D	E	F
1						
2						
3						
4						
5						
6						
7						

Your turn

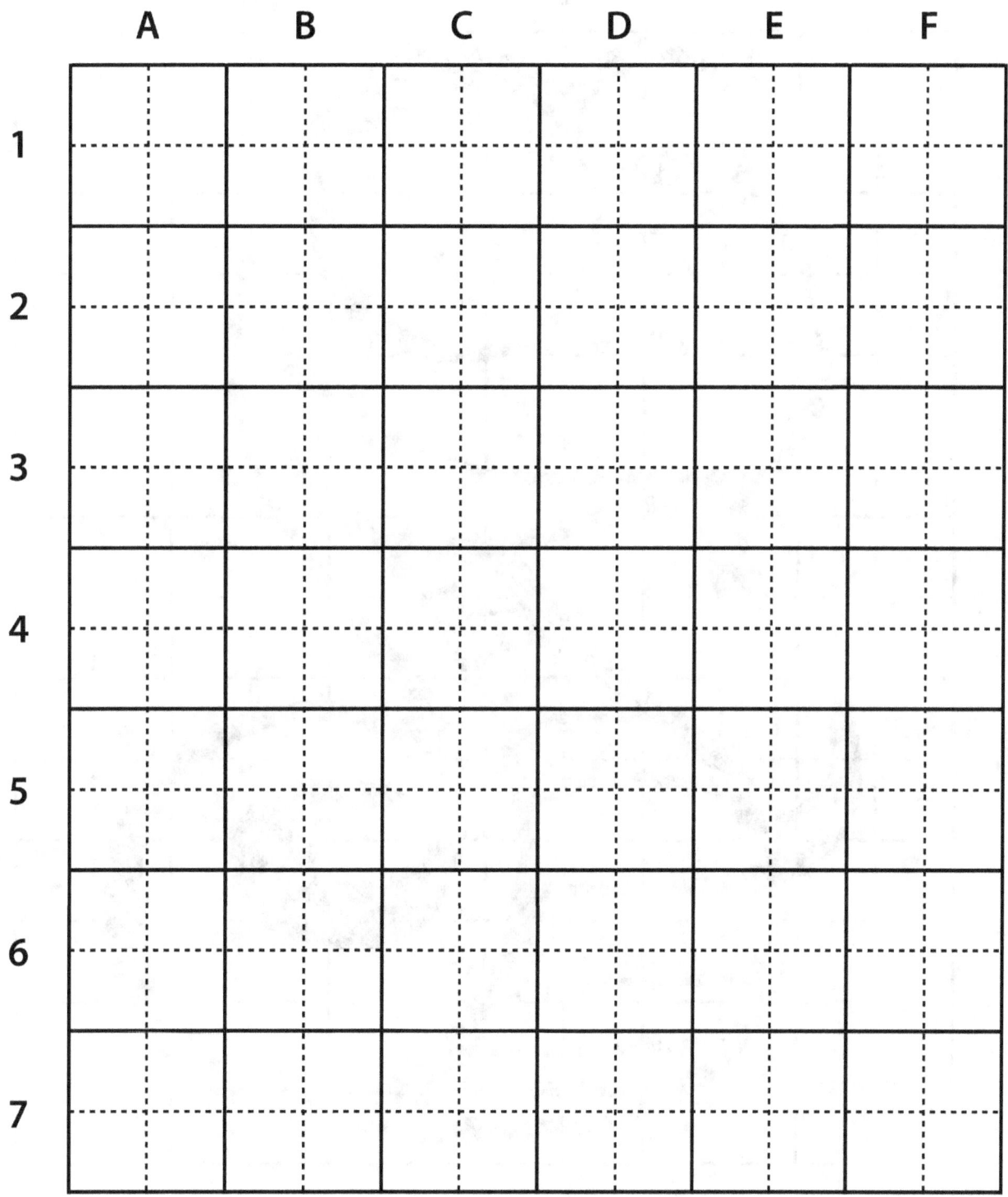

Snake

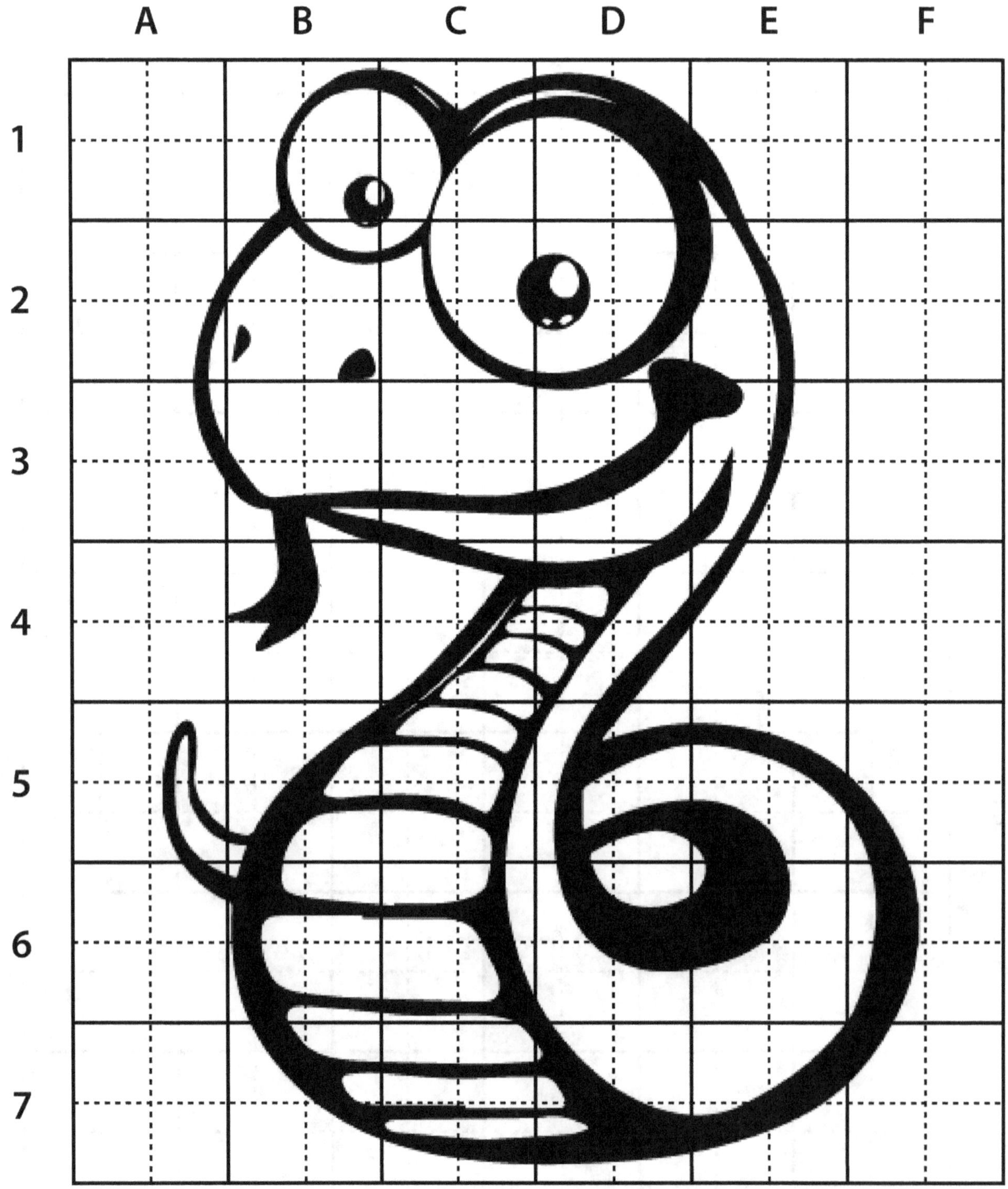

Your turn

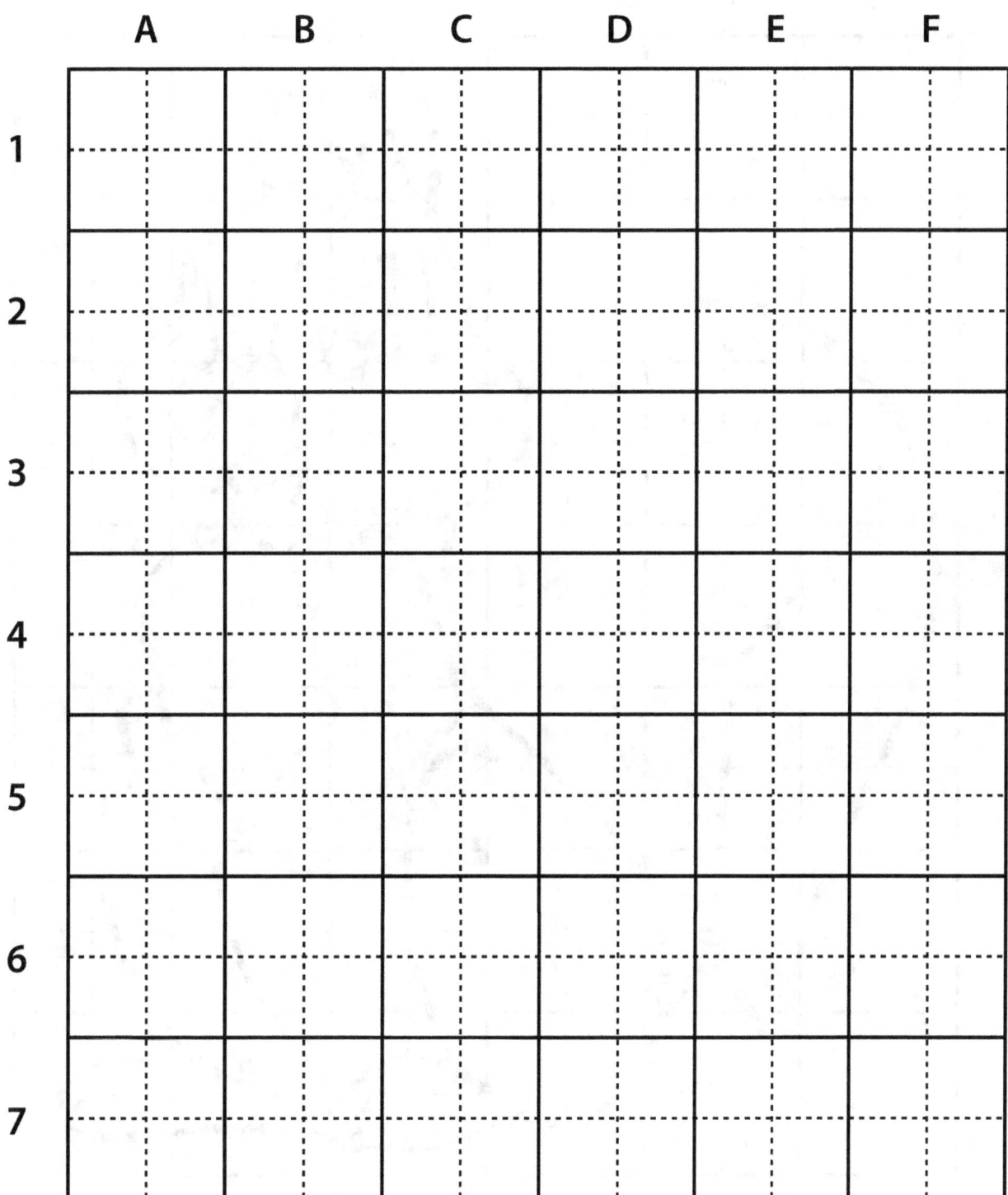

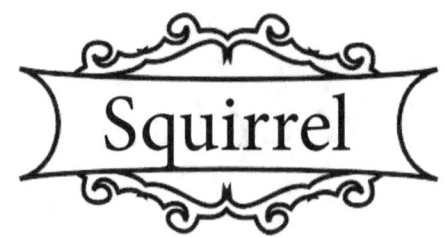

Squirrel

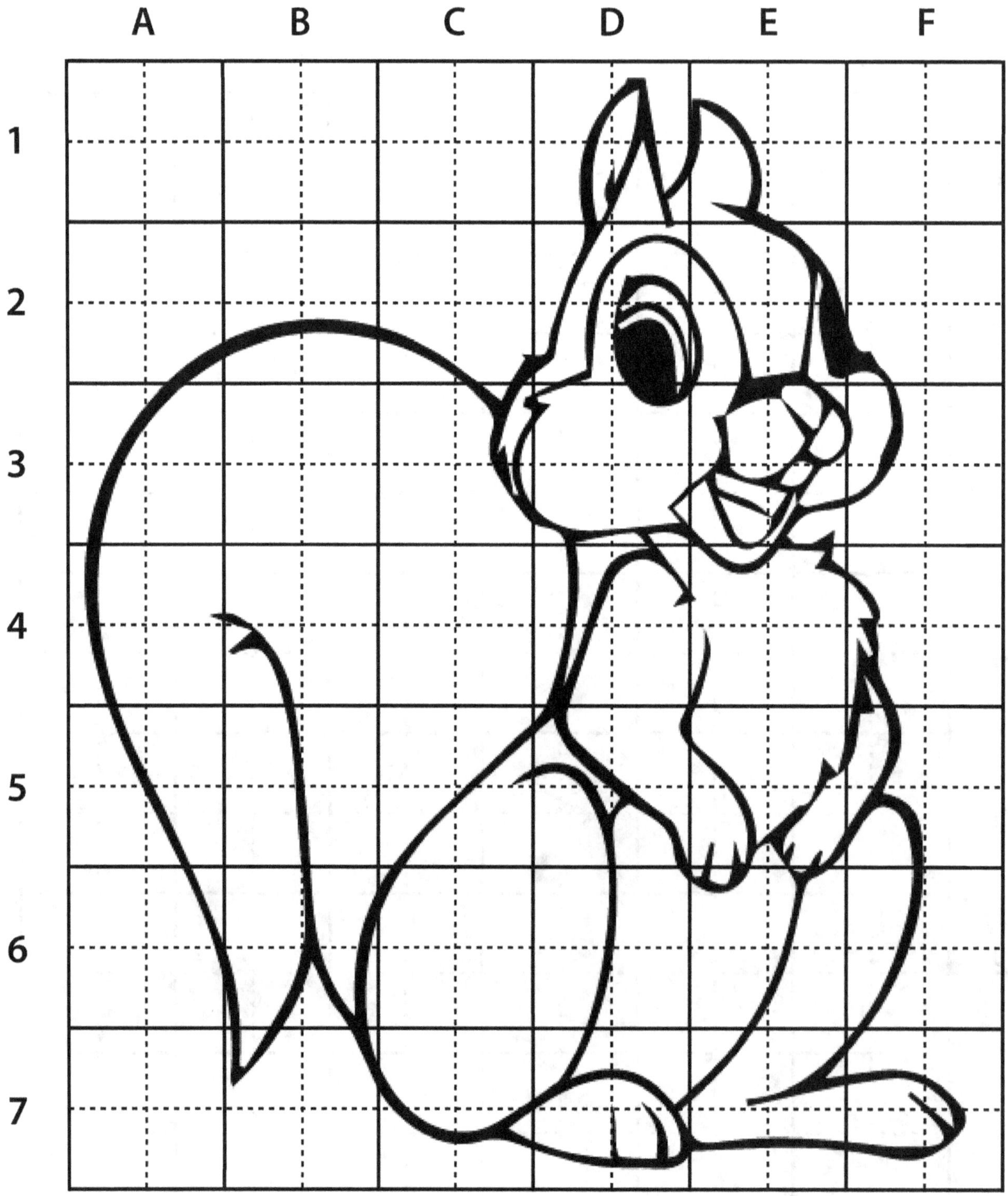

Your turn

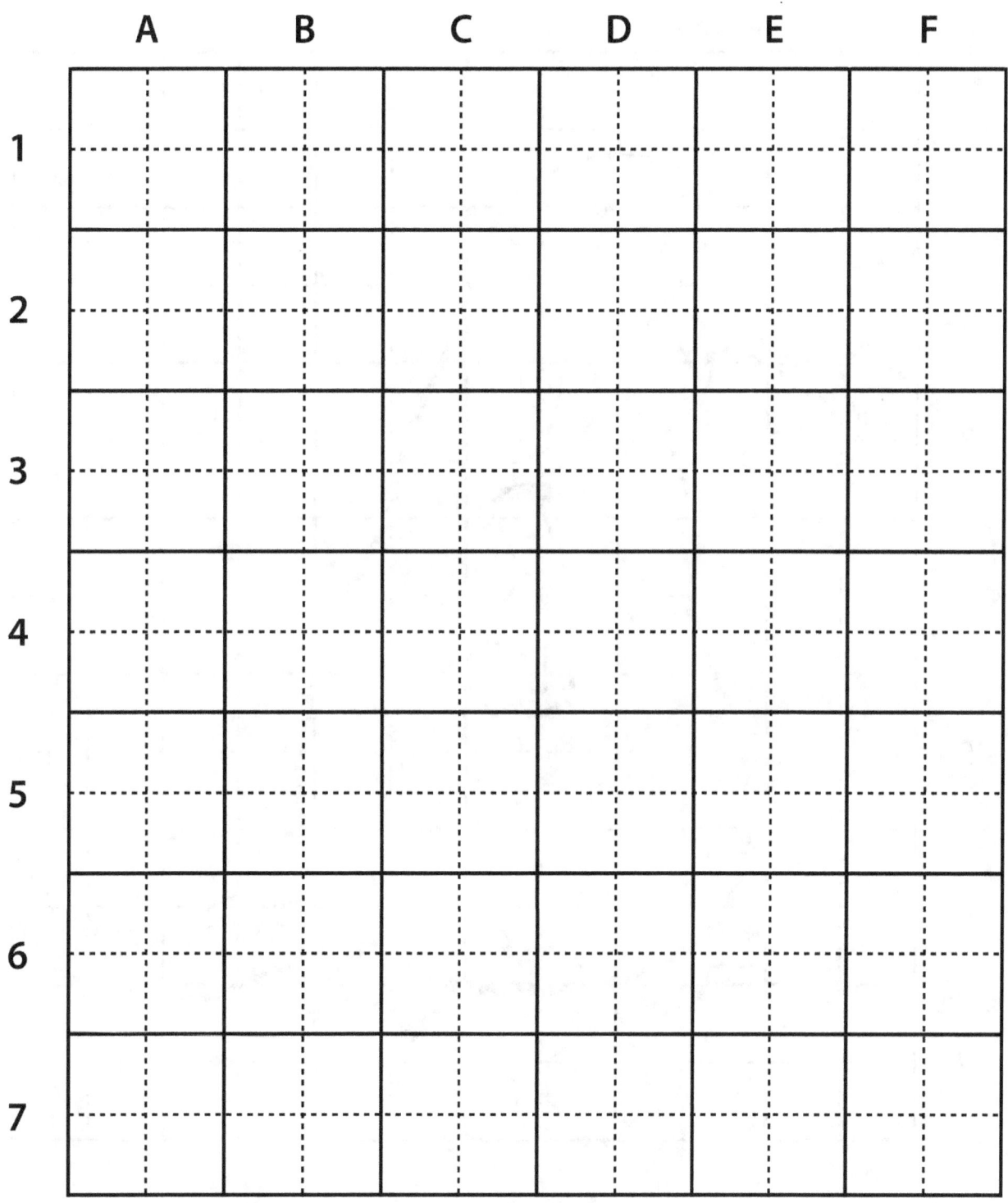

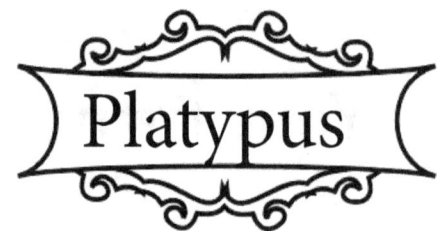
Platypus

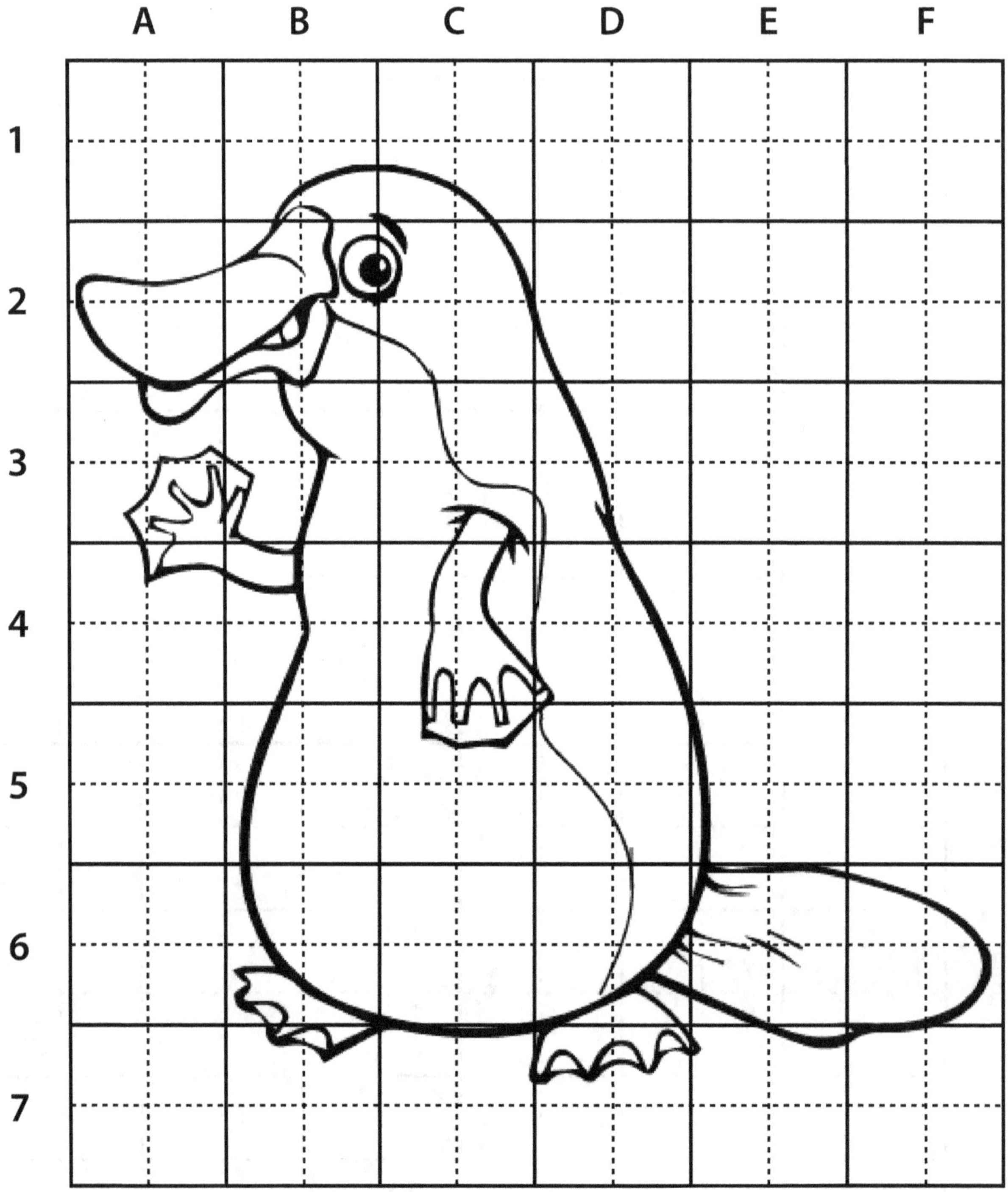

Your turn

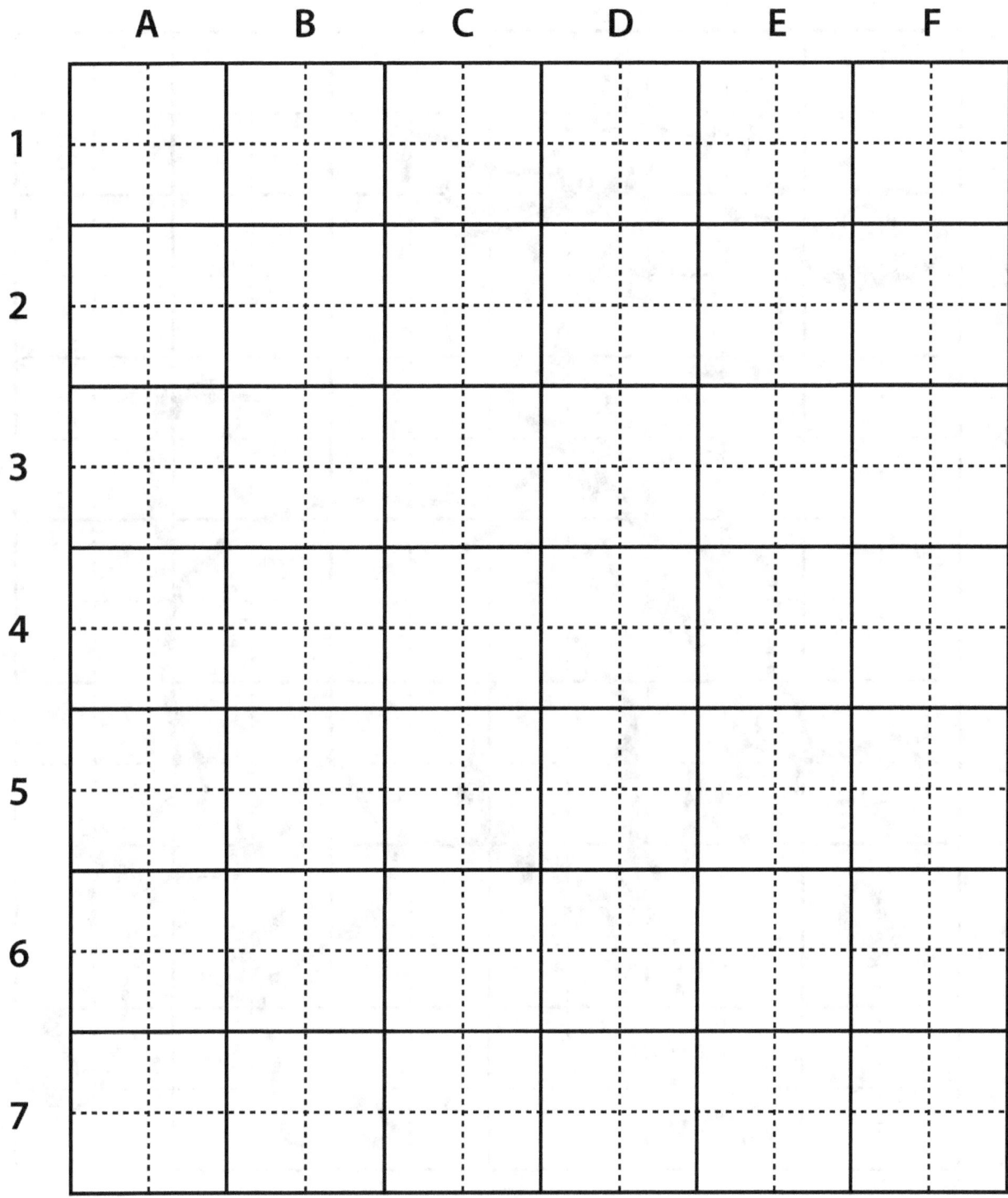

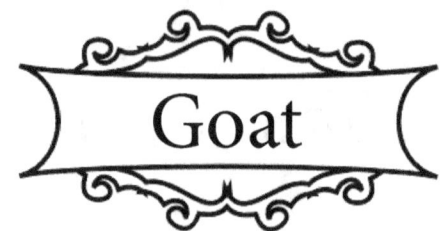

Goat

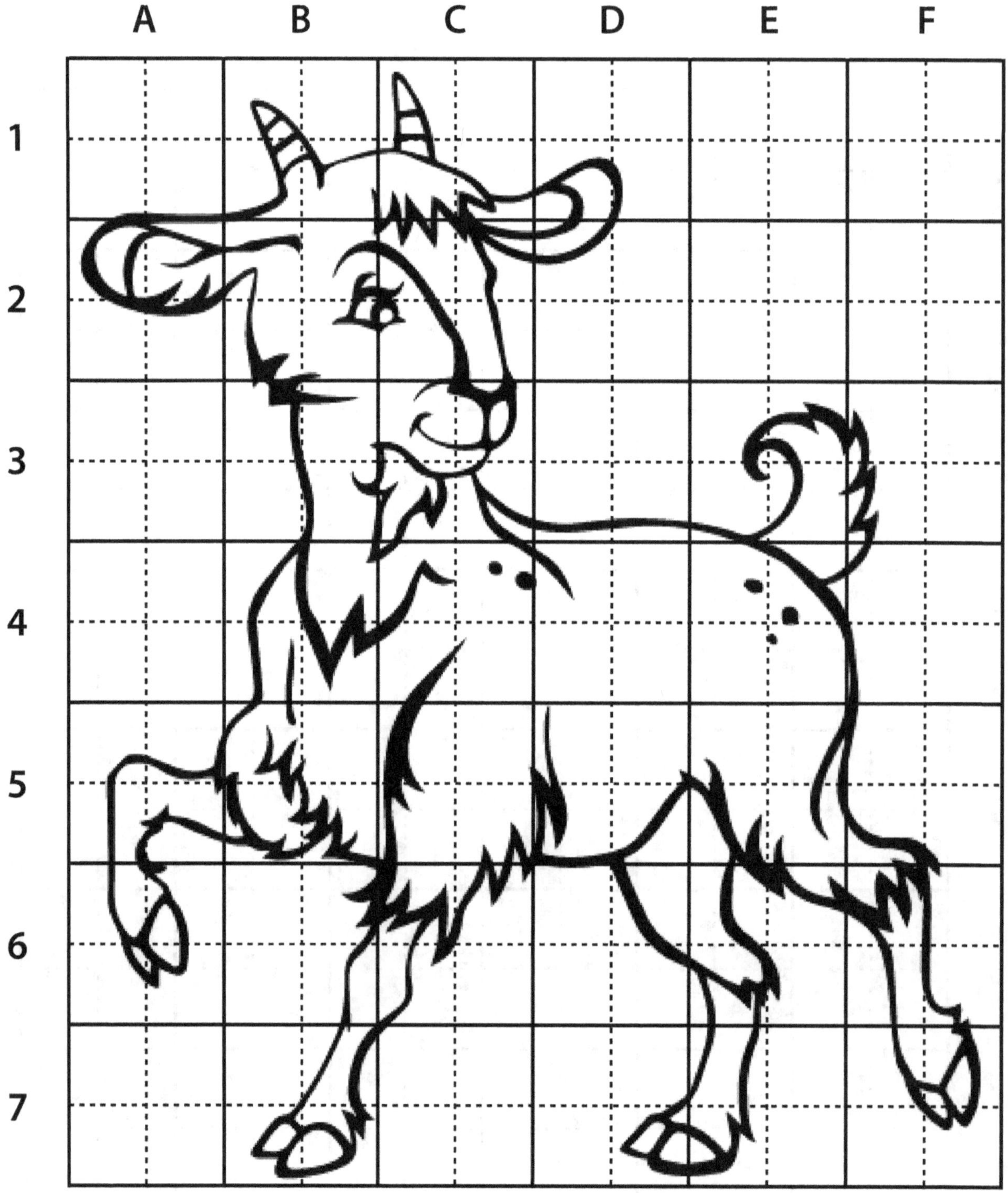

A B C D E F

1
2
3
4
5
6
7

Your turn

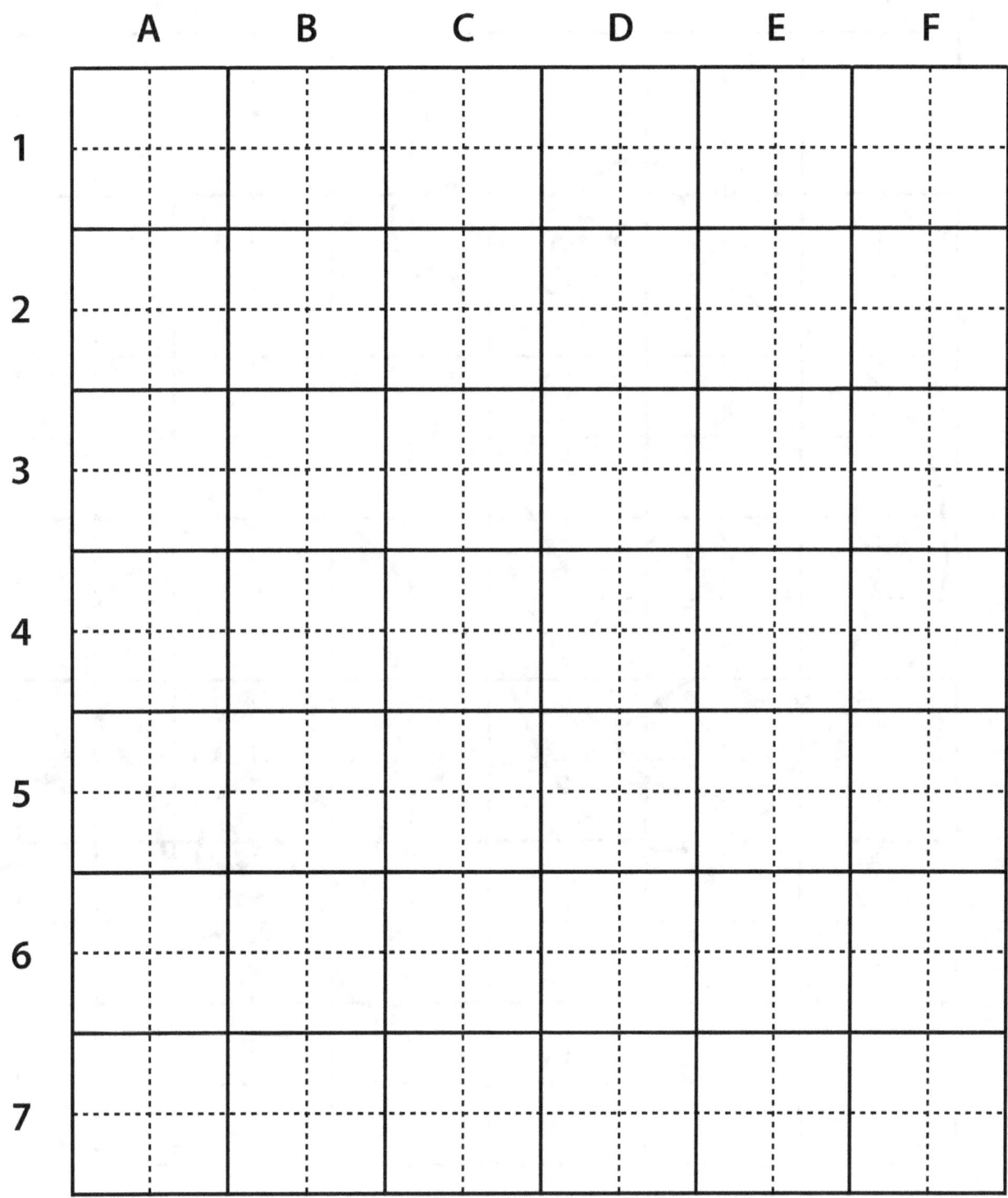

Camel

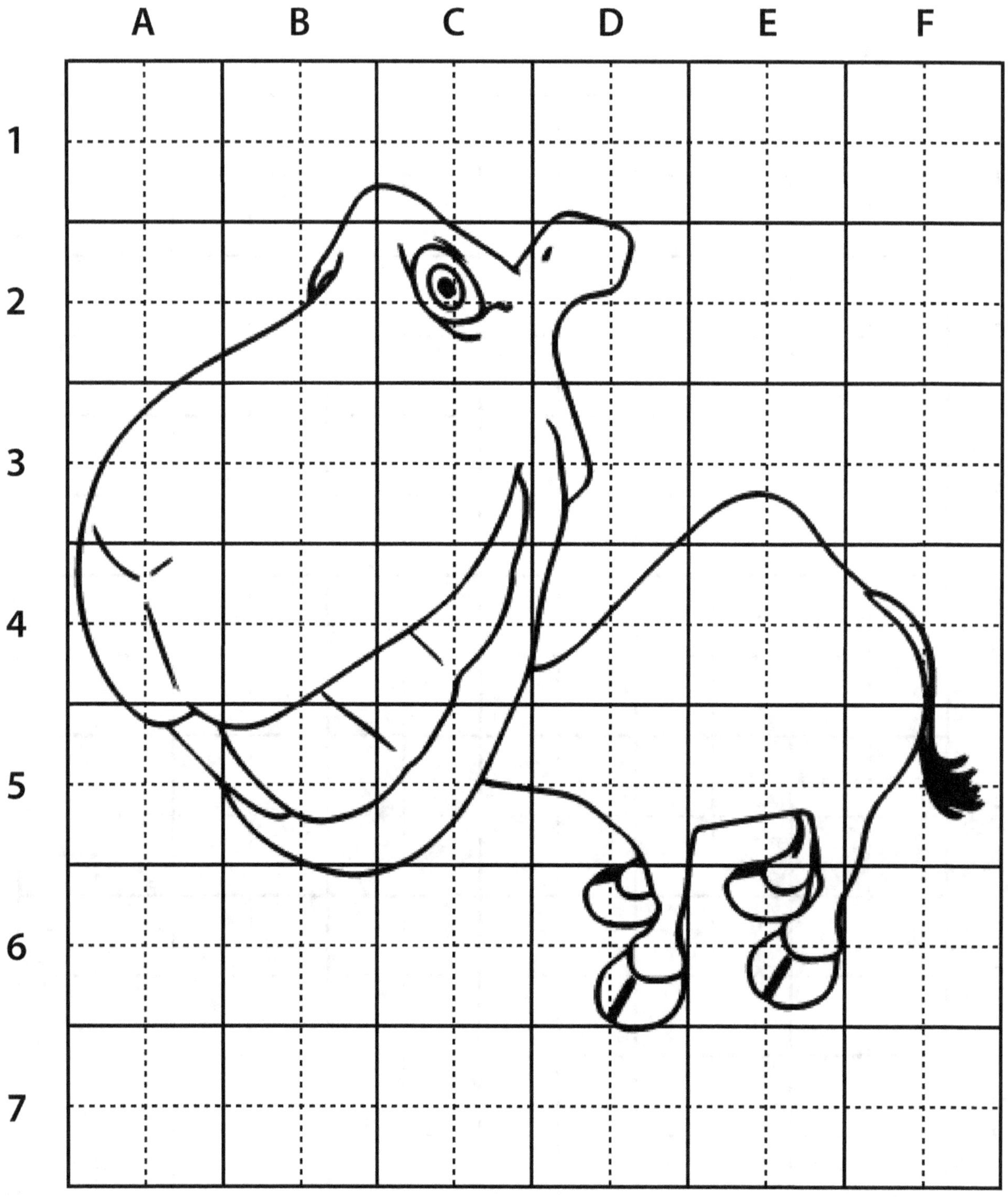

Your turn

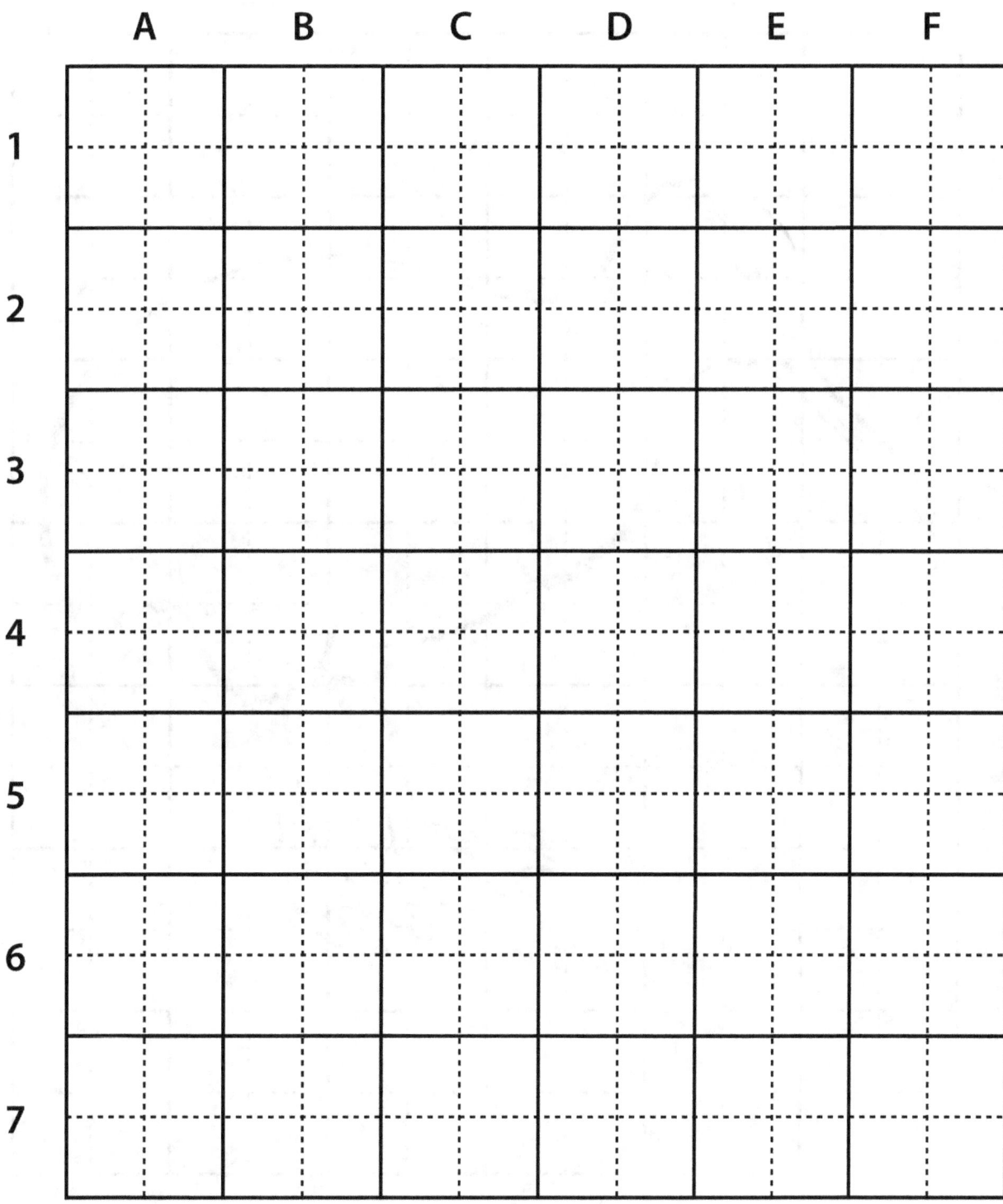

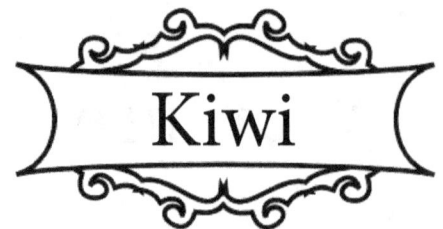

Kiwi

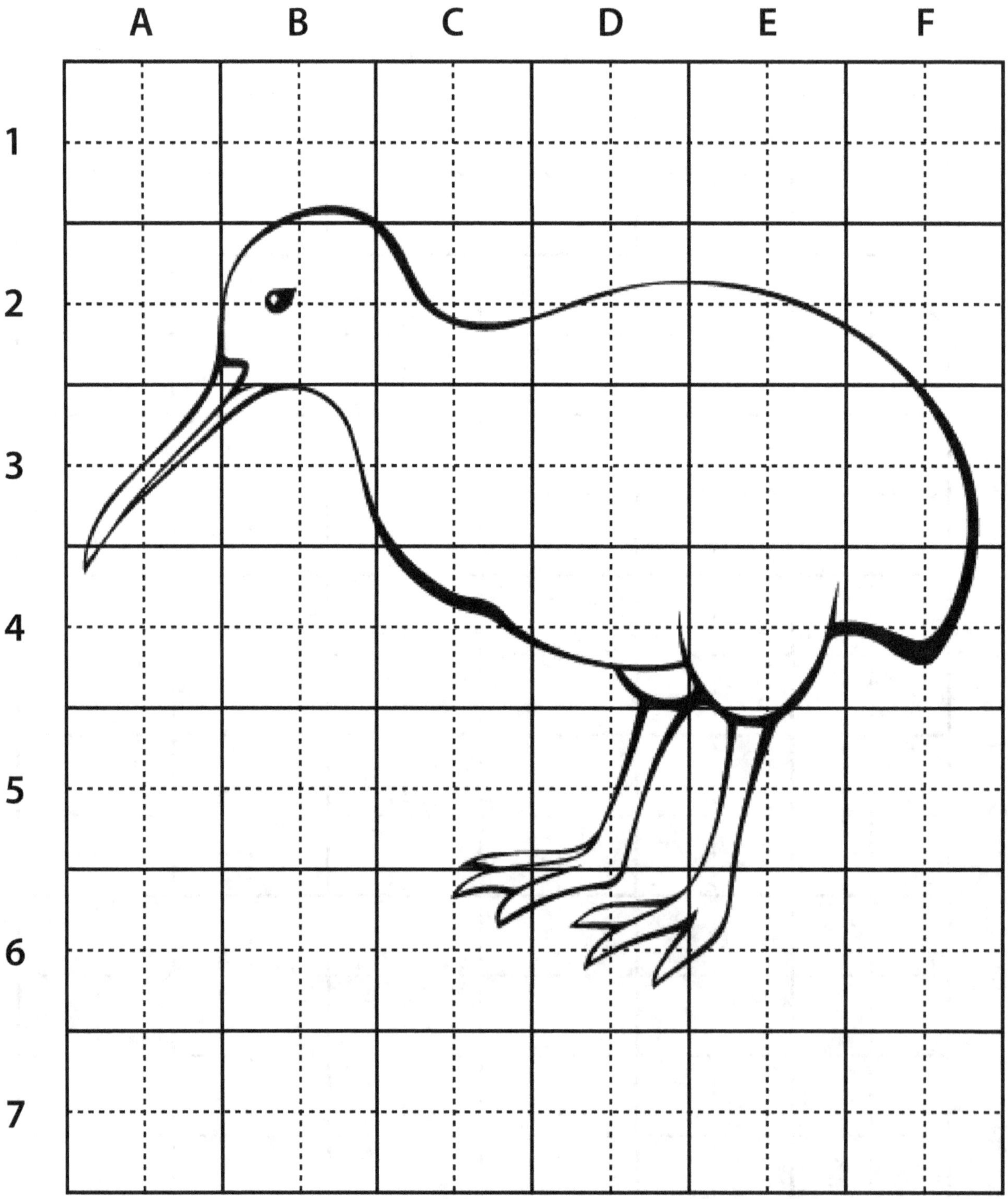

Your turn

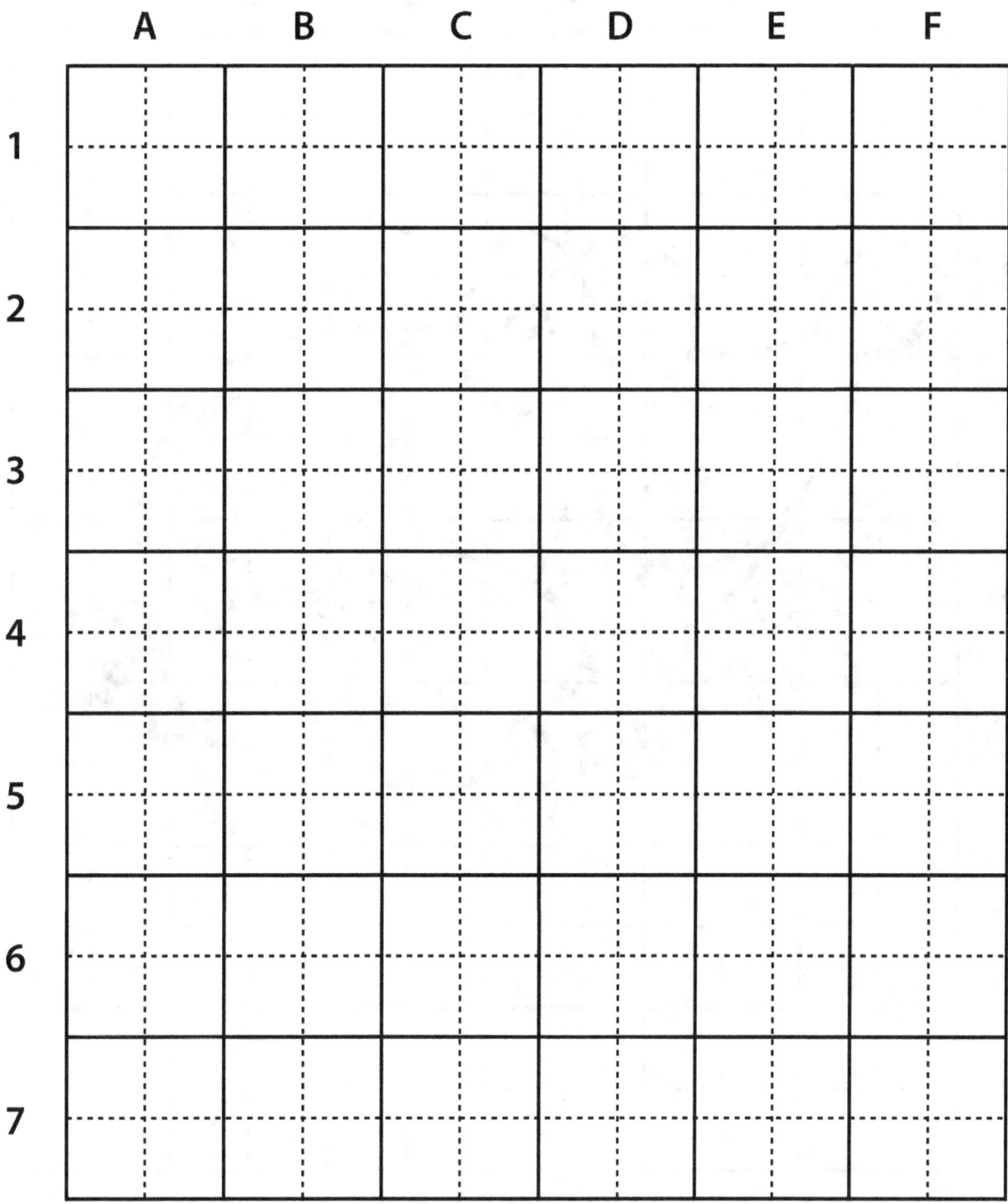

Mole

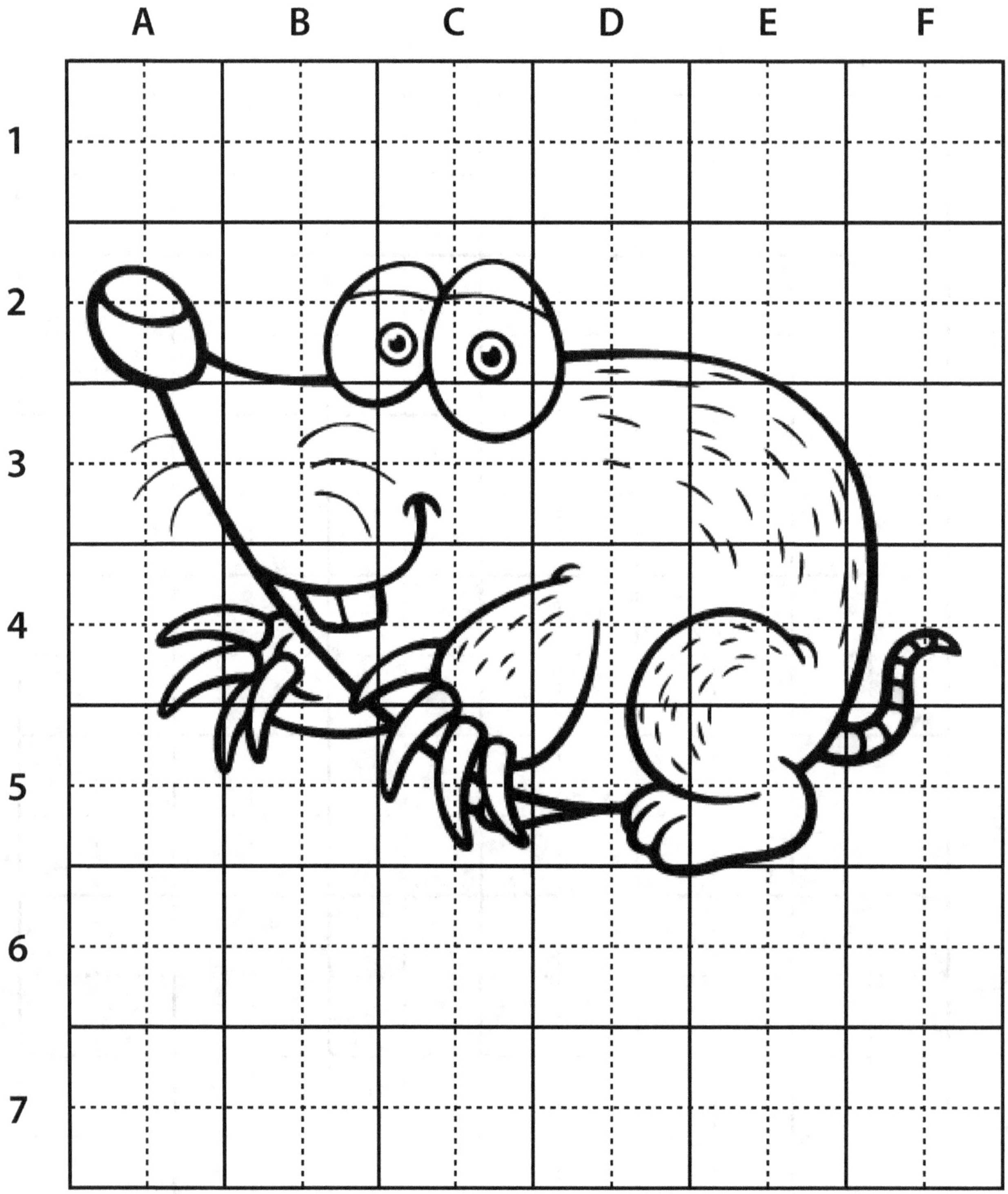

Your turn

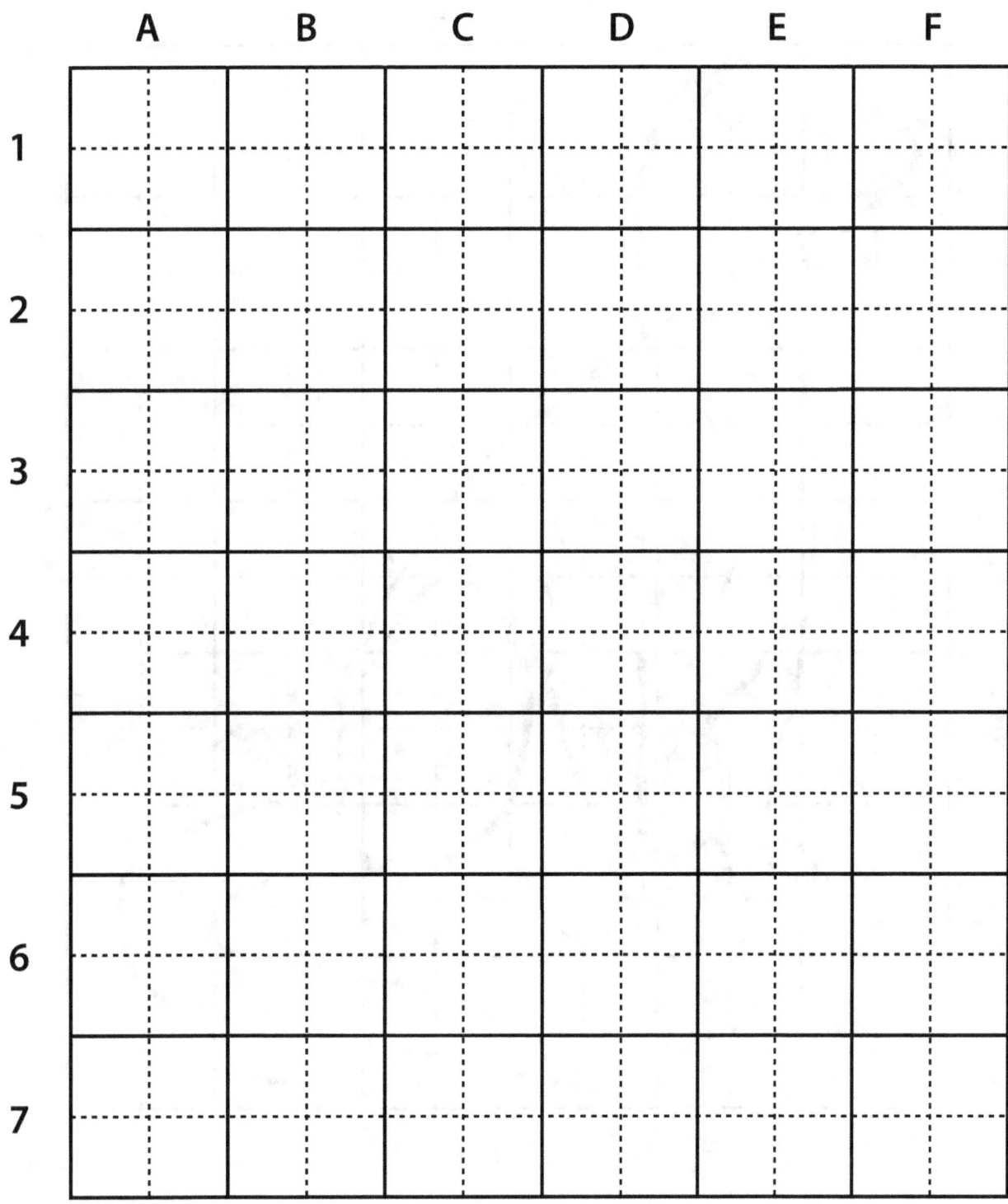

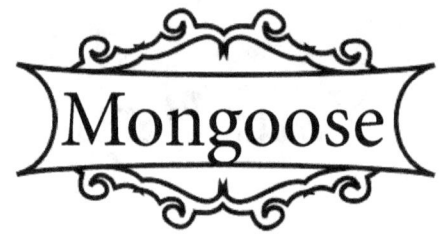

Mongoose

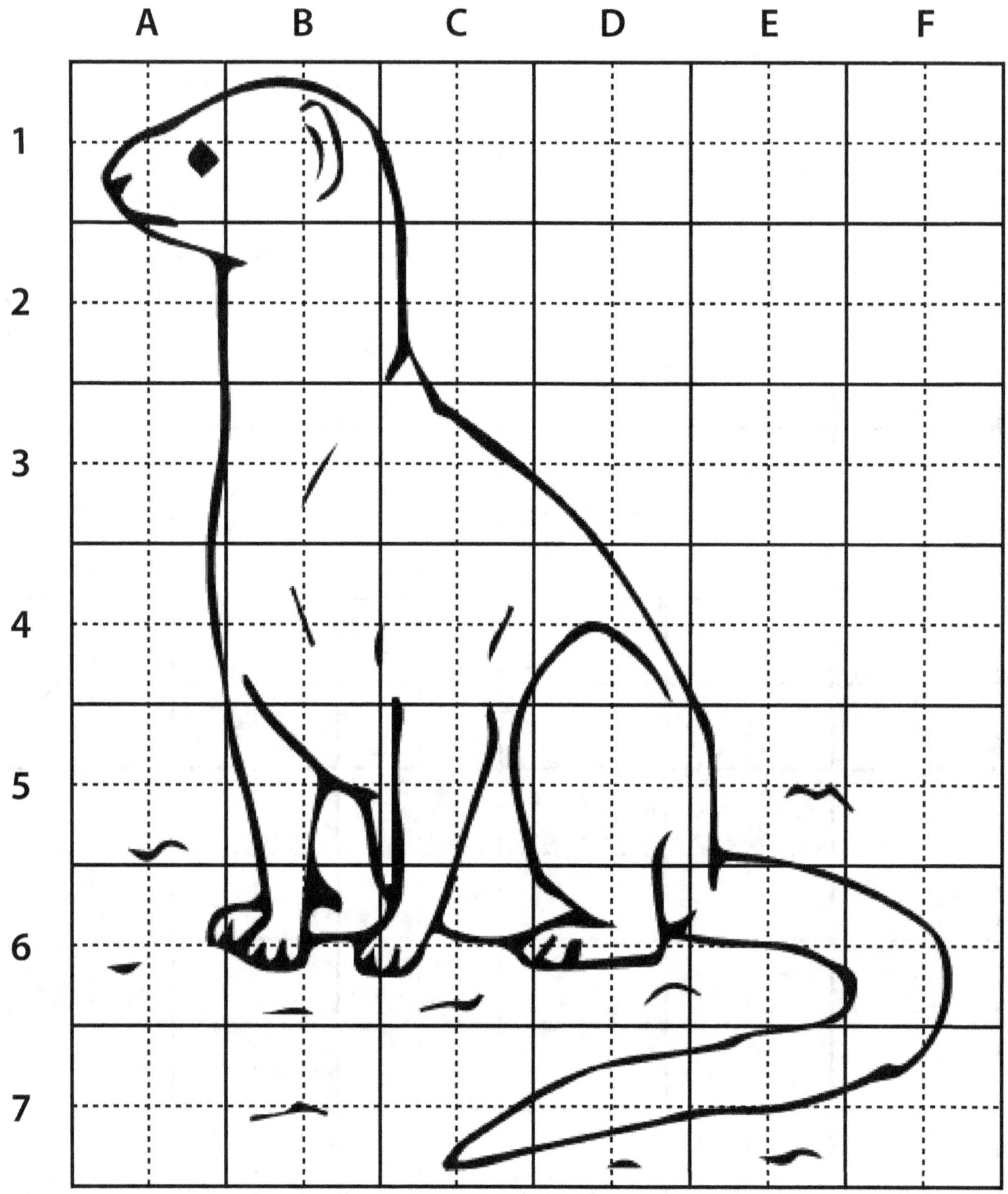

Your turn

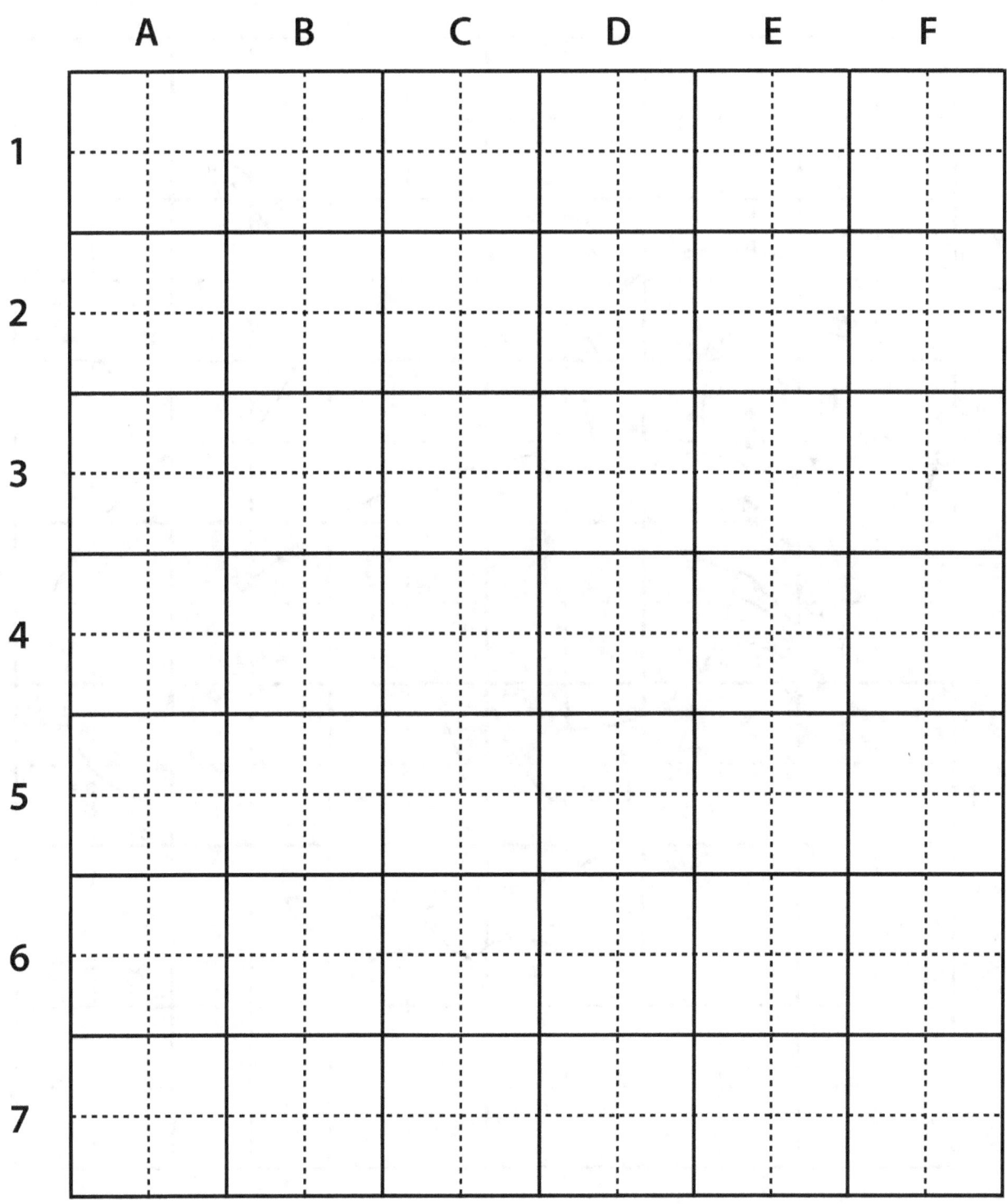

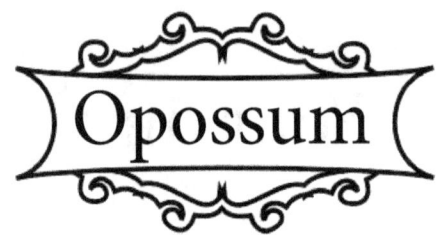

Opossum

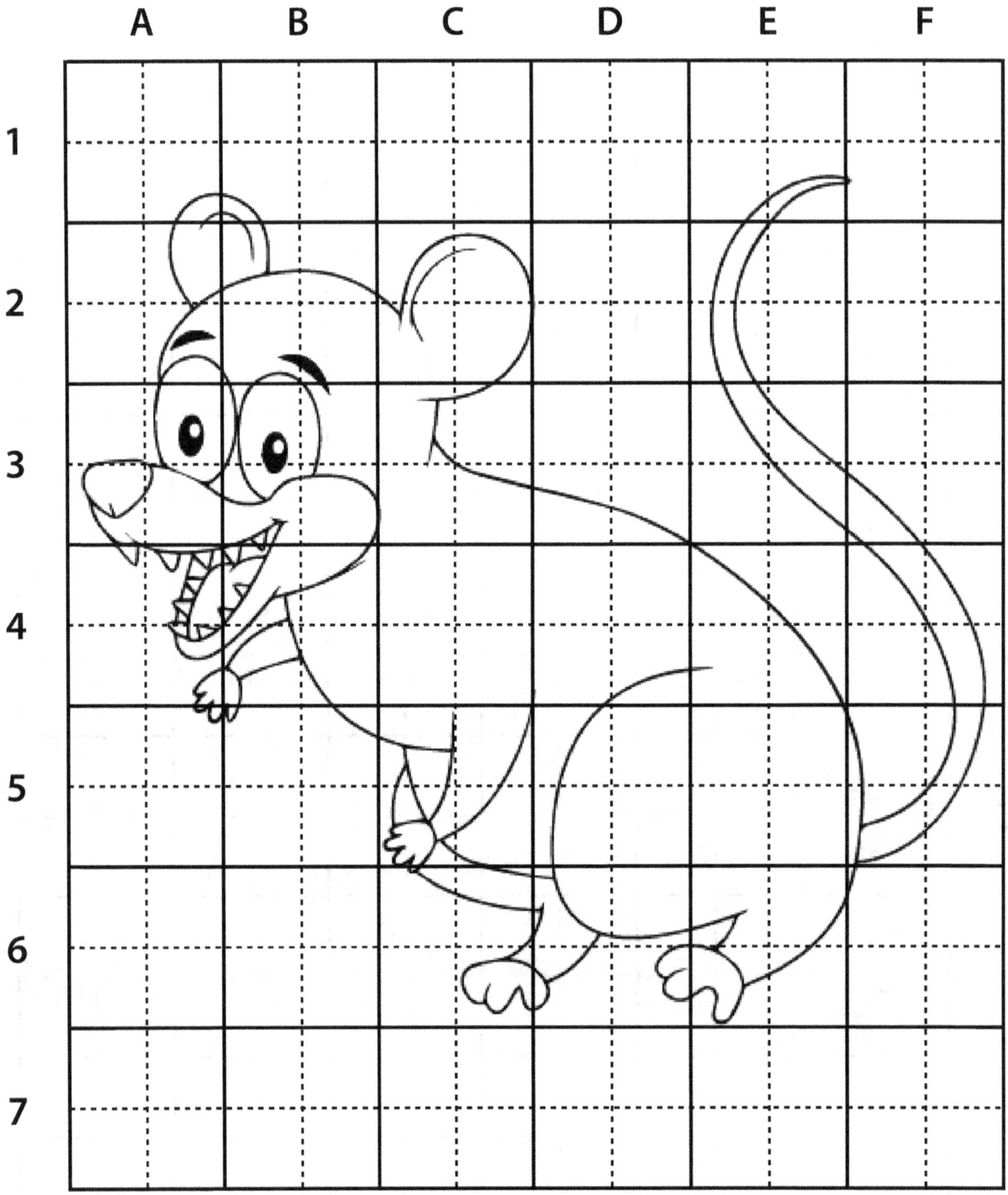

	A	B	C	D	E	F
1						
2						
3						
4						
5						
6						
7						

Your turn

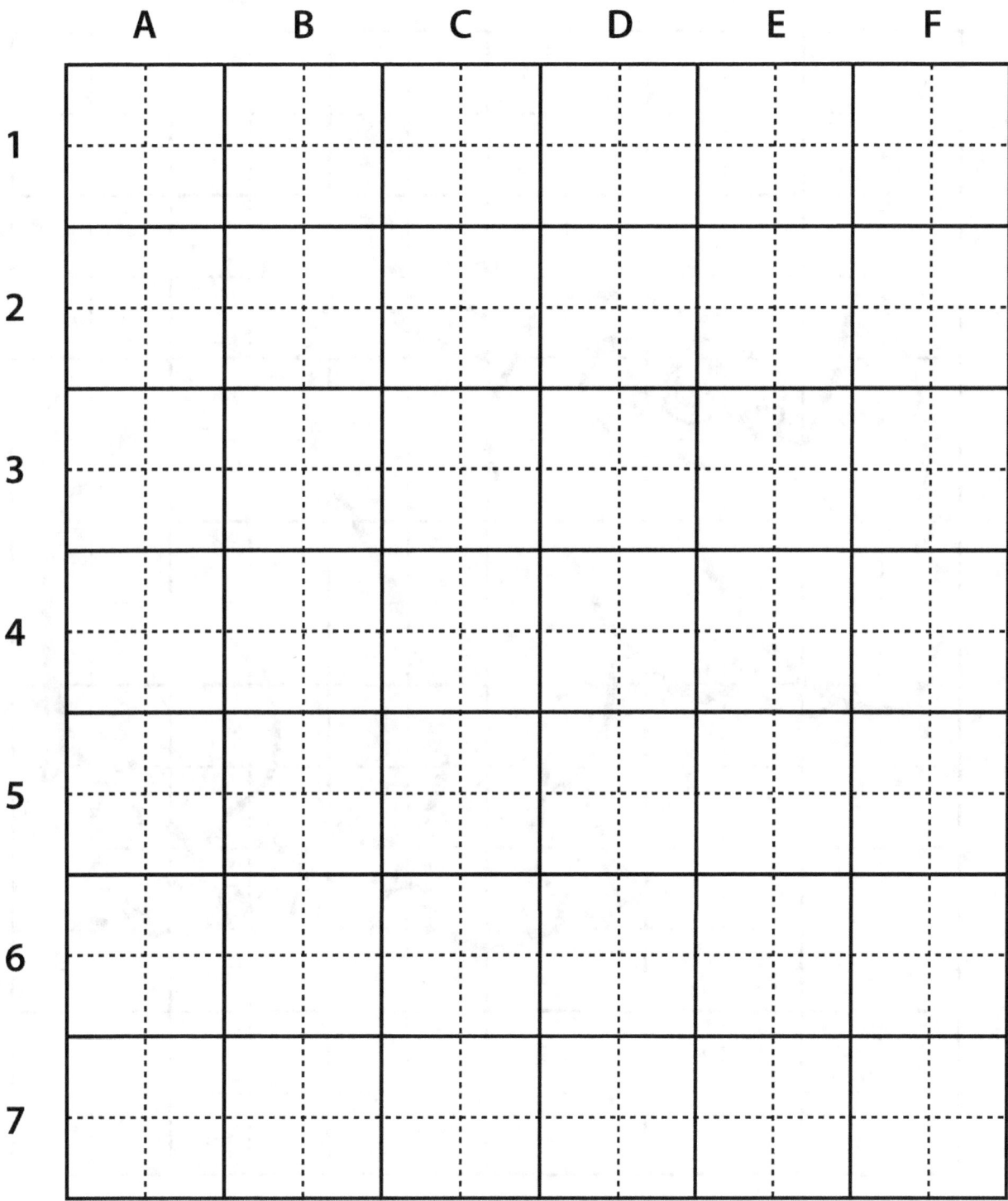

Rhino

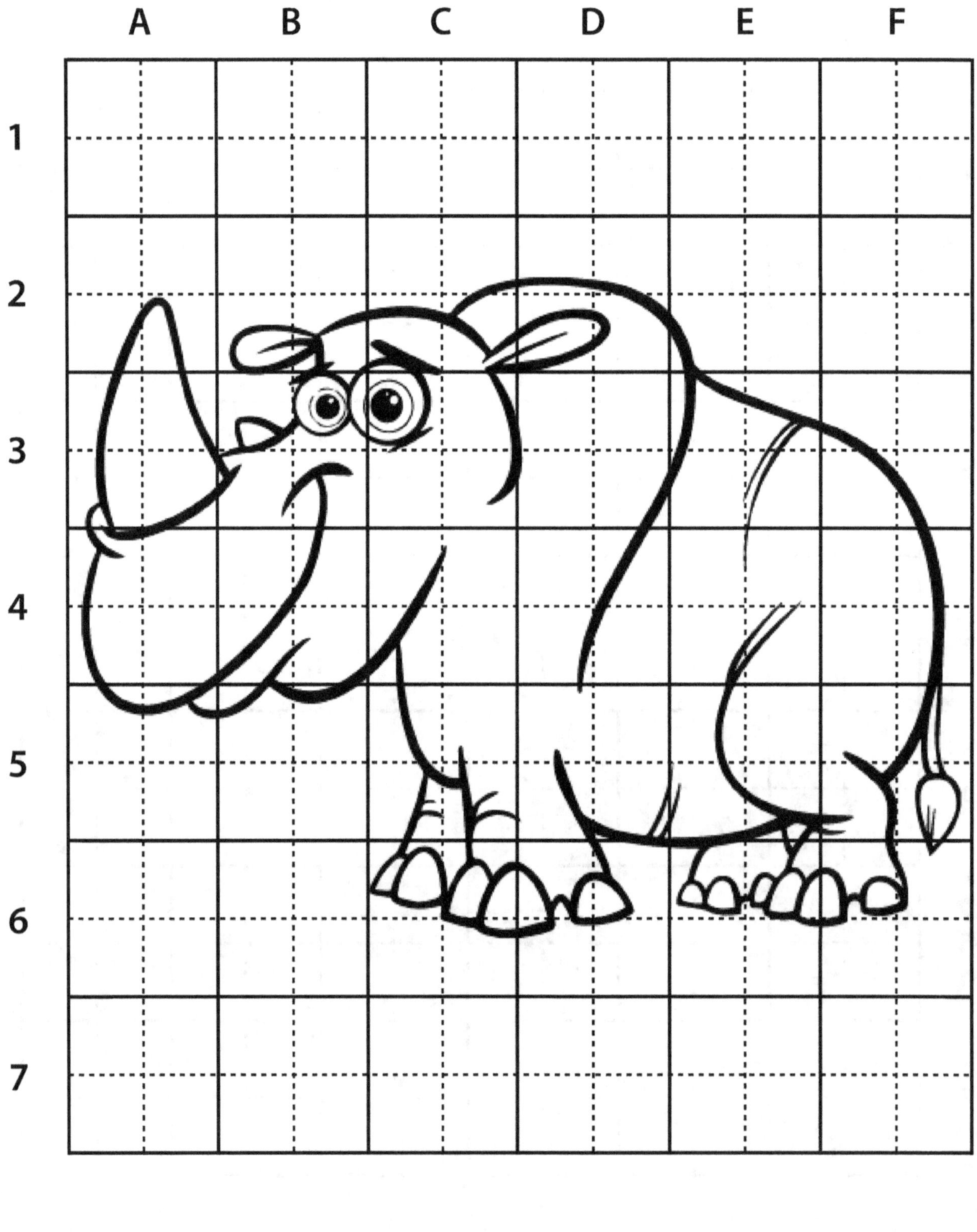

Your turn

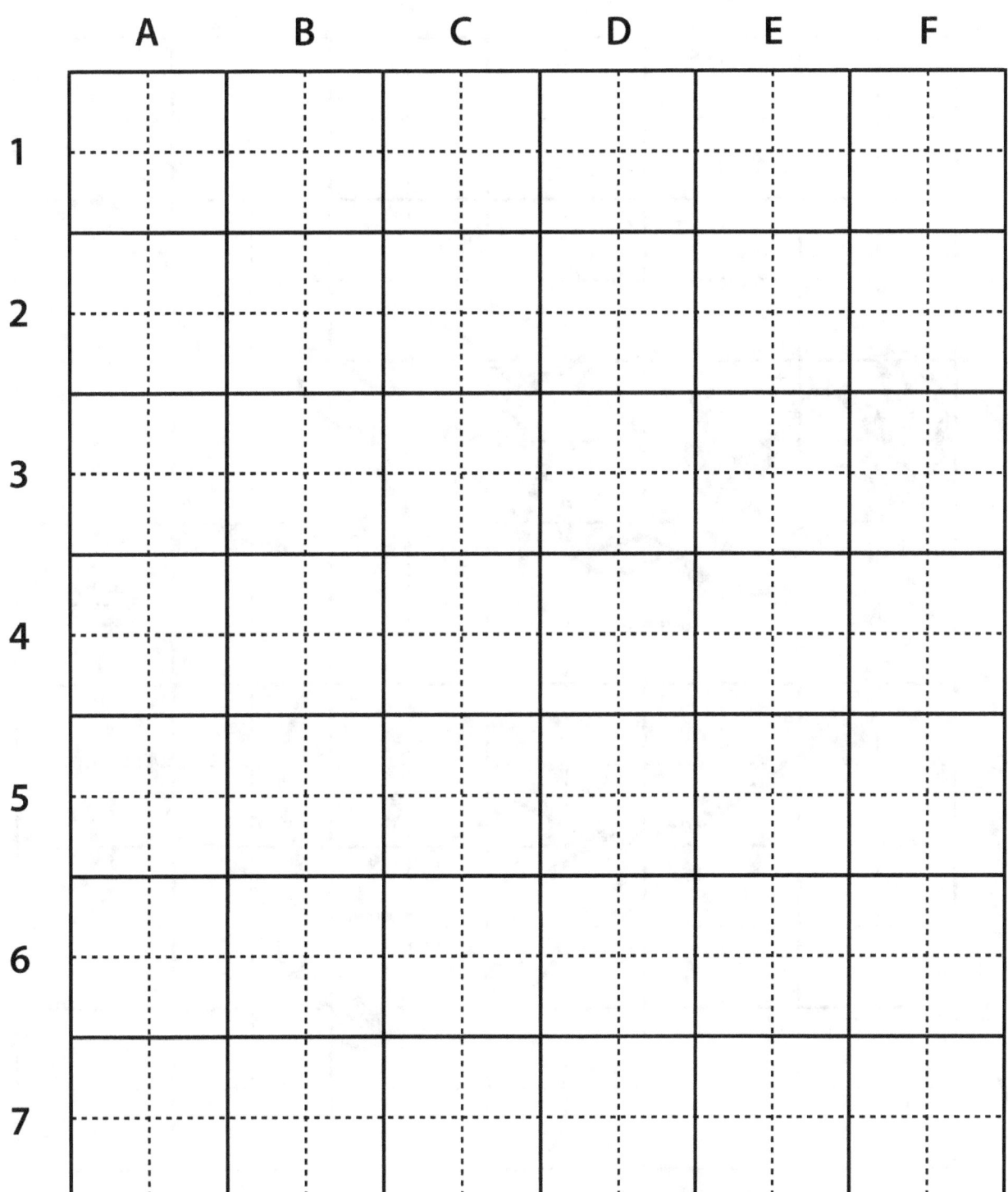

Warthog

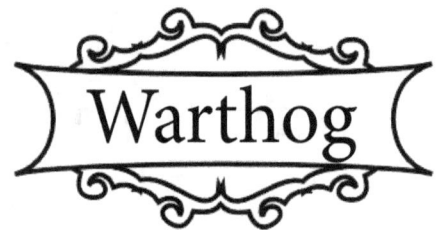

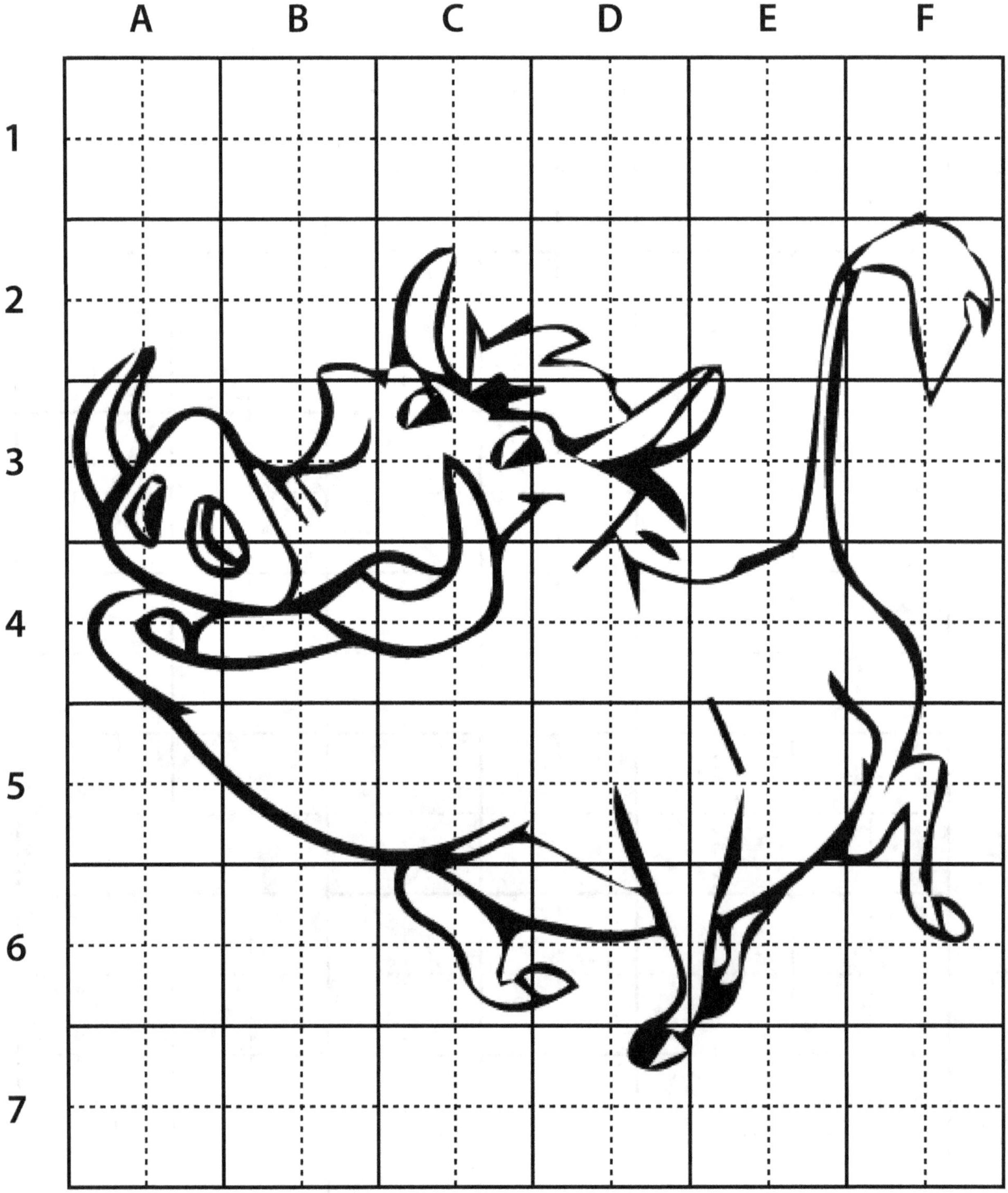

Your turn

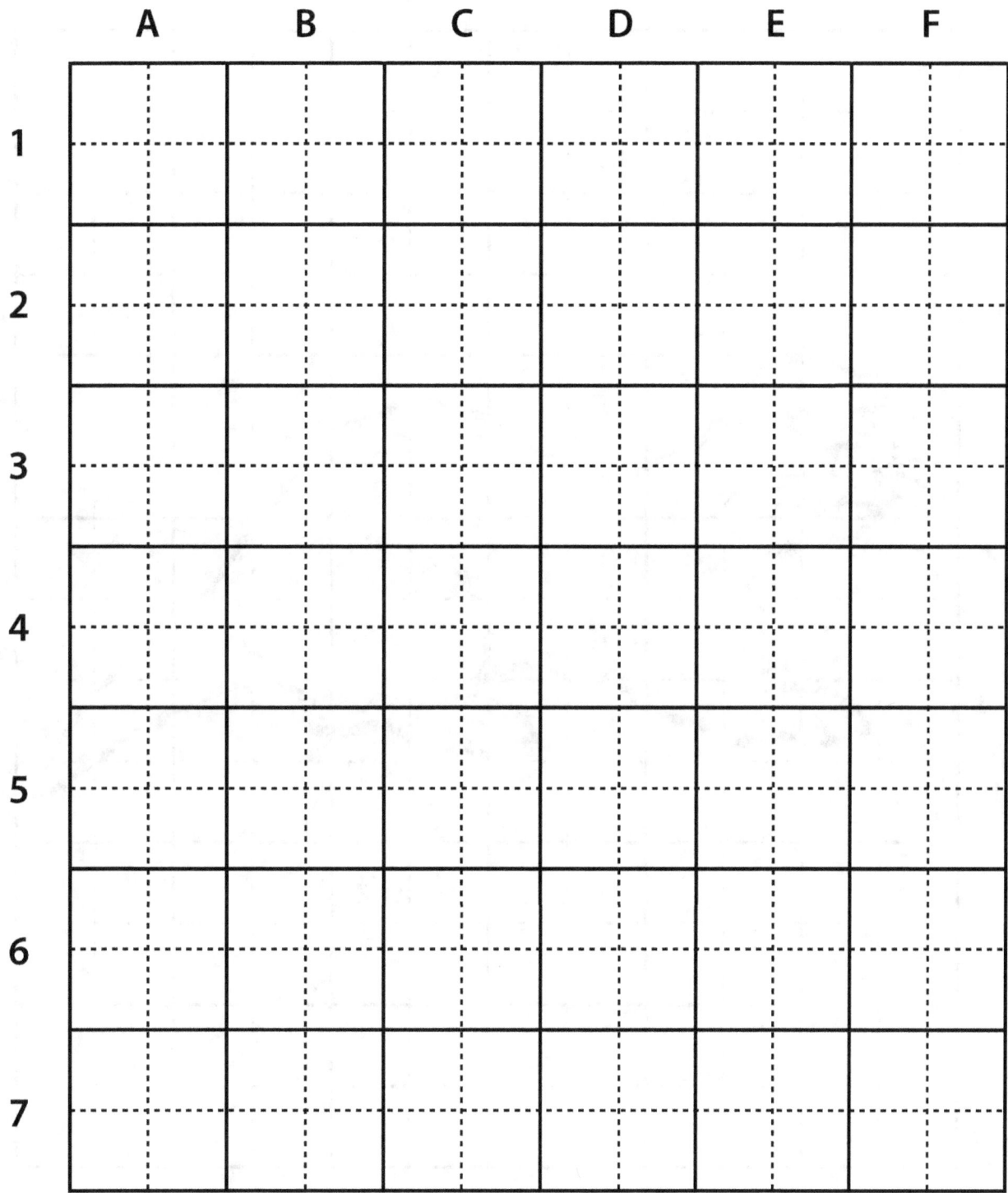

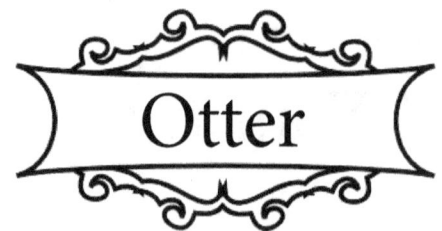

Otter

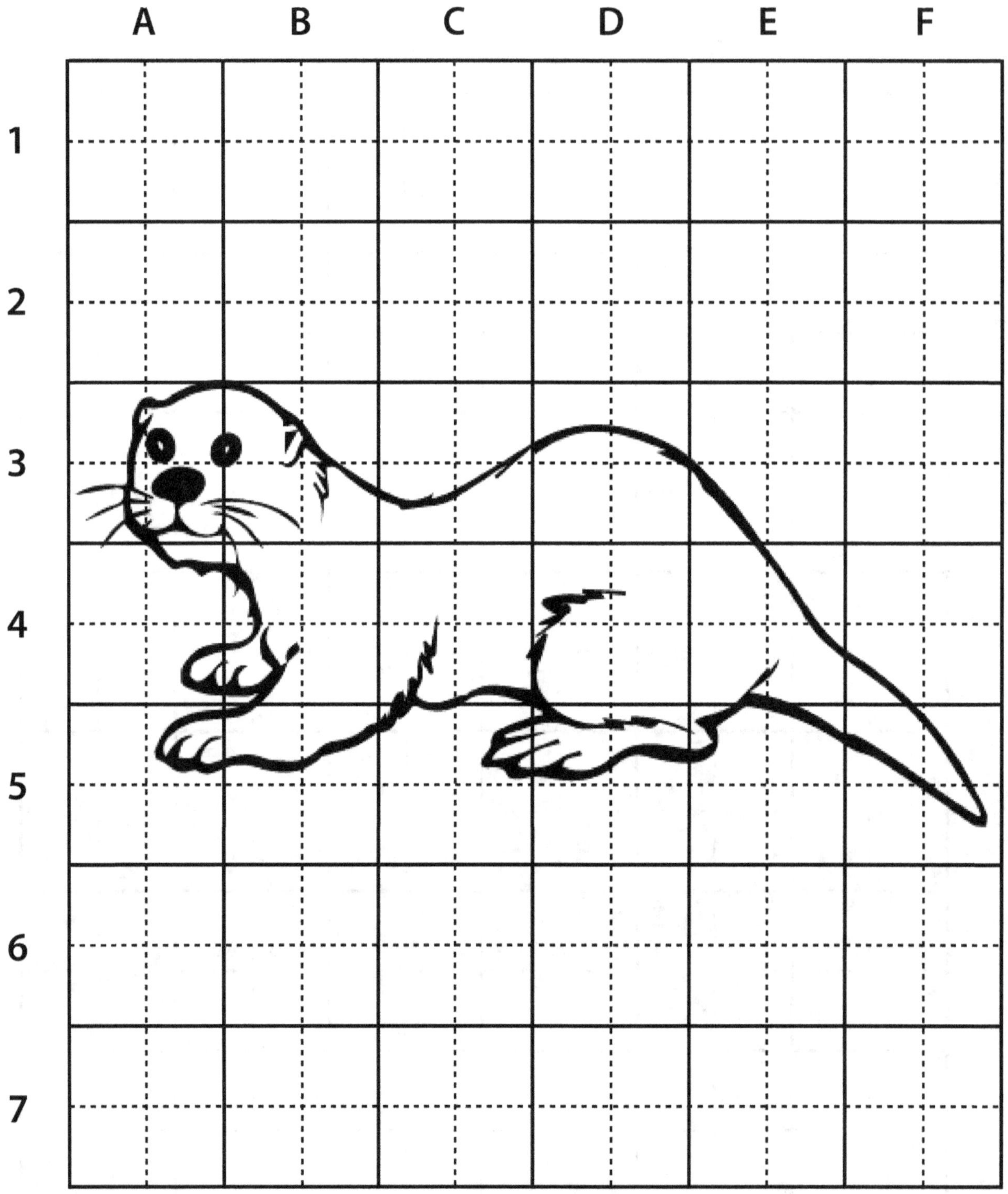

Your turn

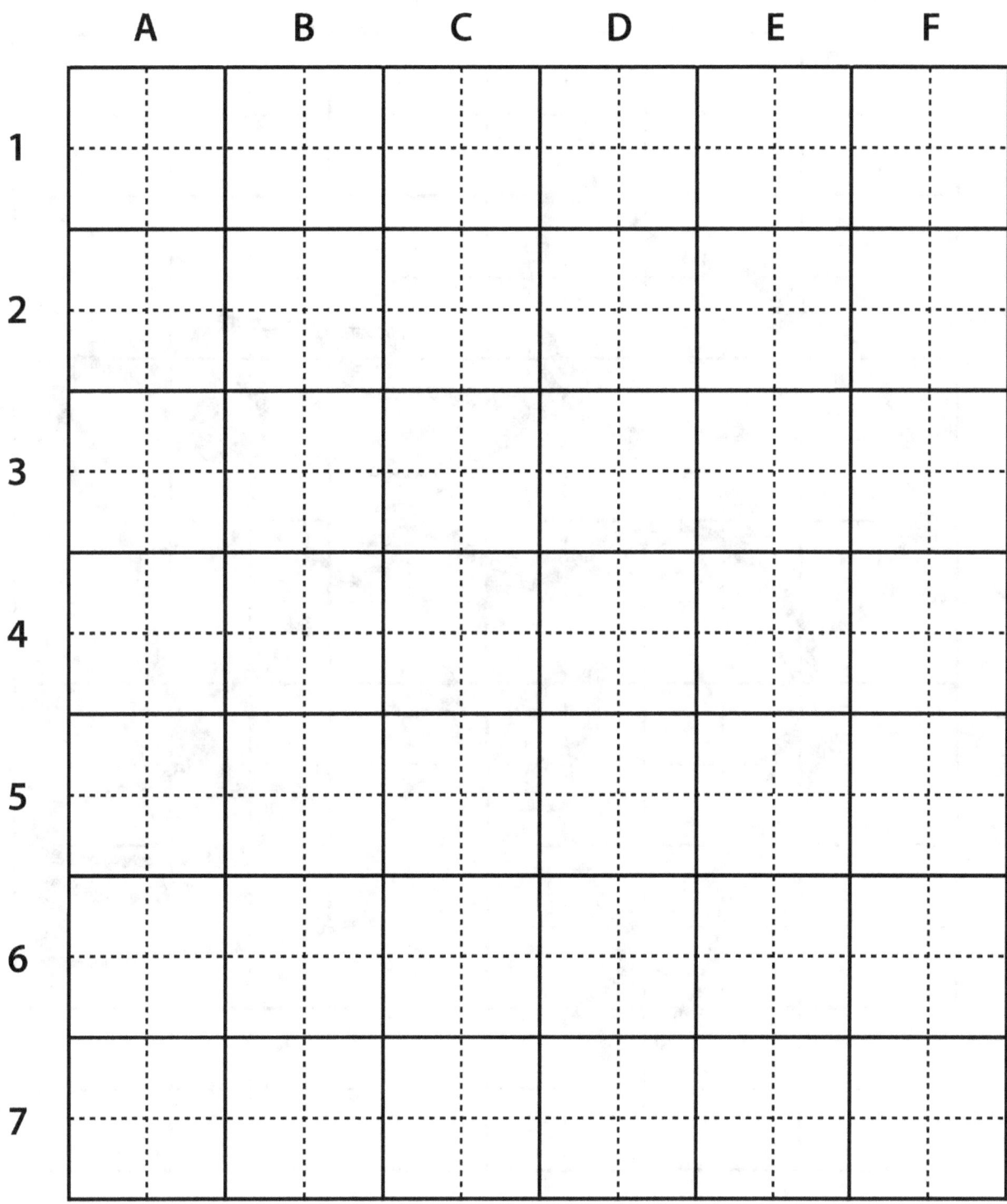

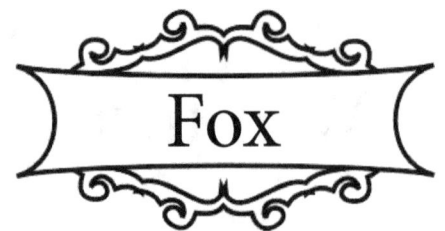

Fox

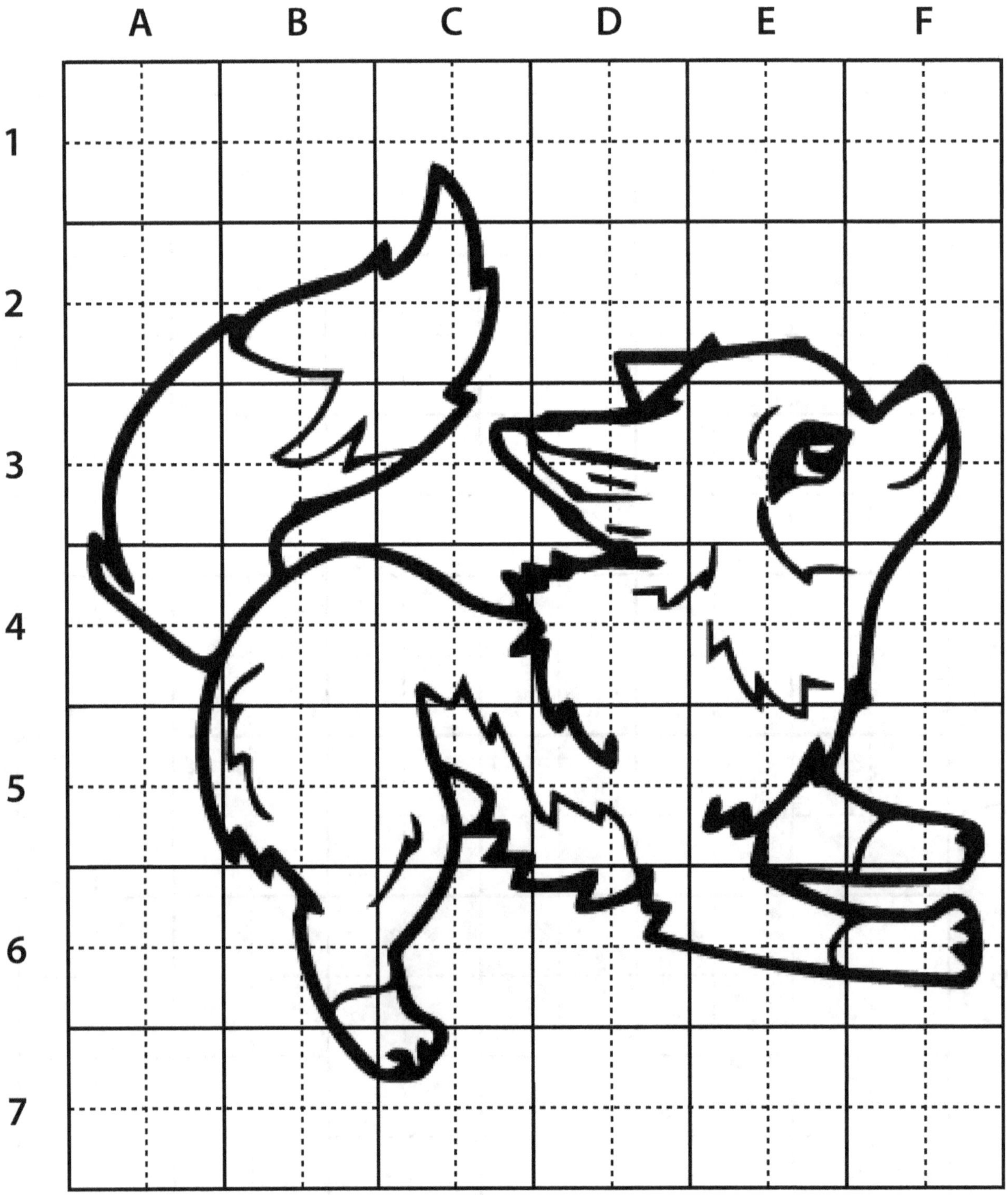

Your turn

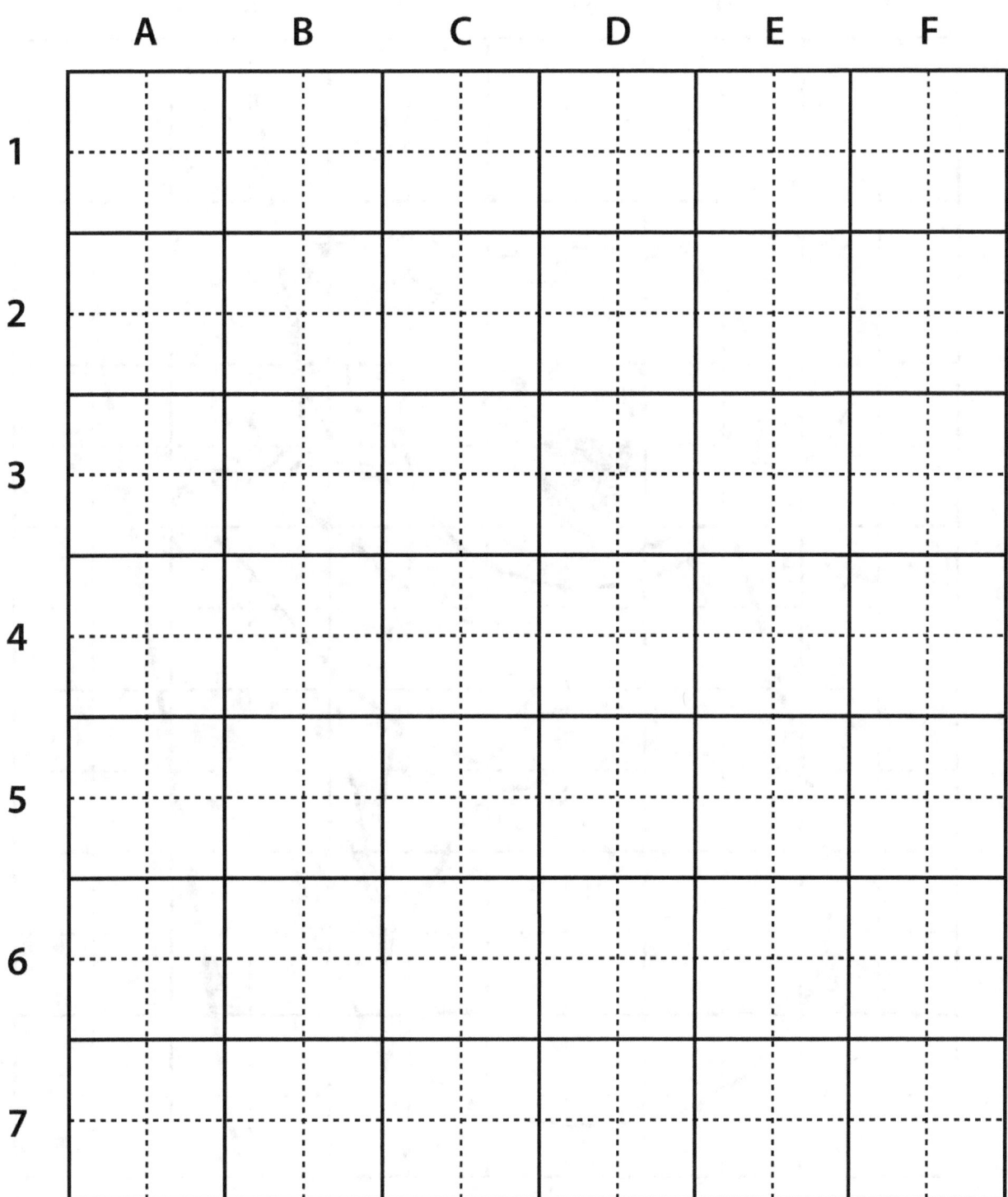

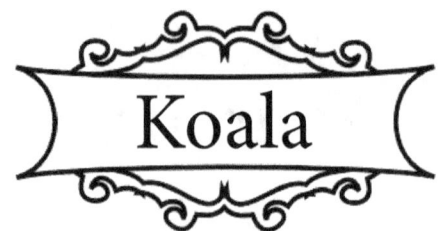

Koala

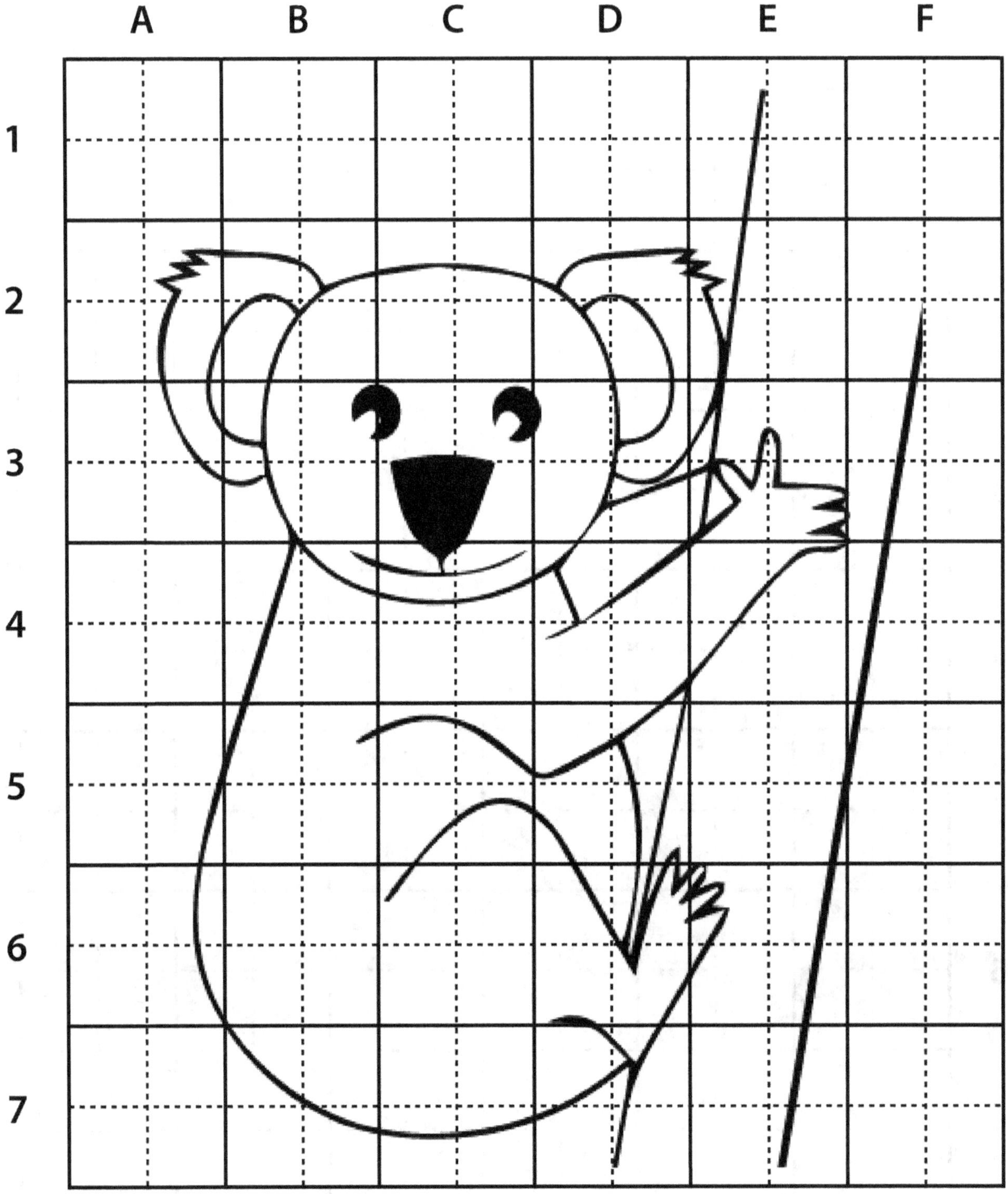

Your turn

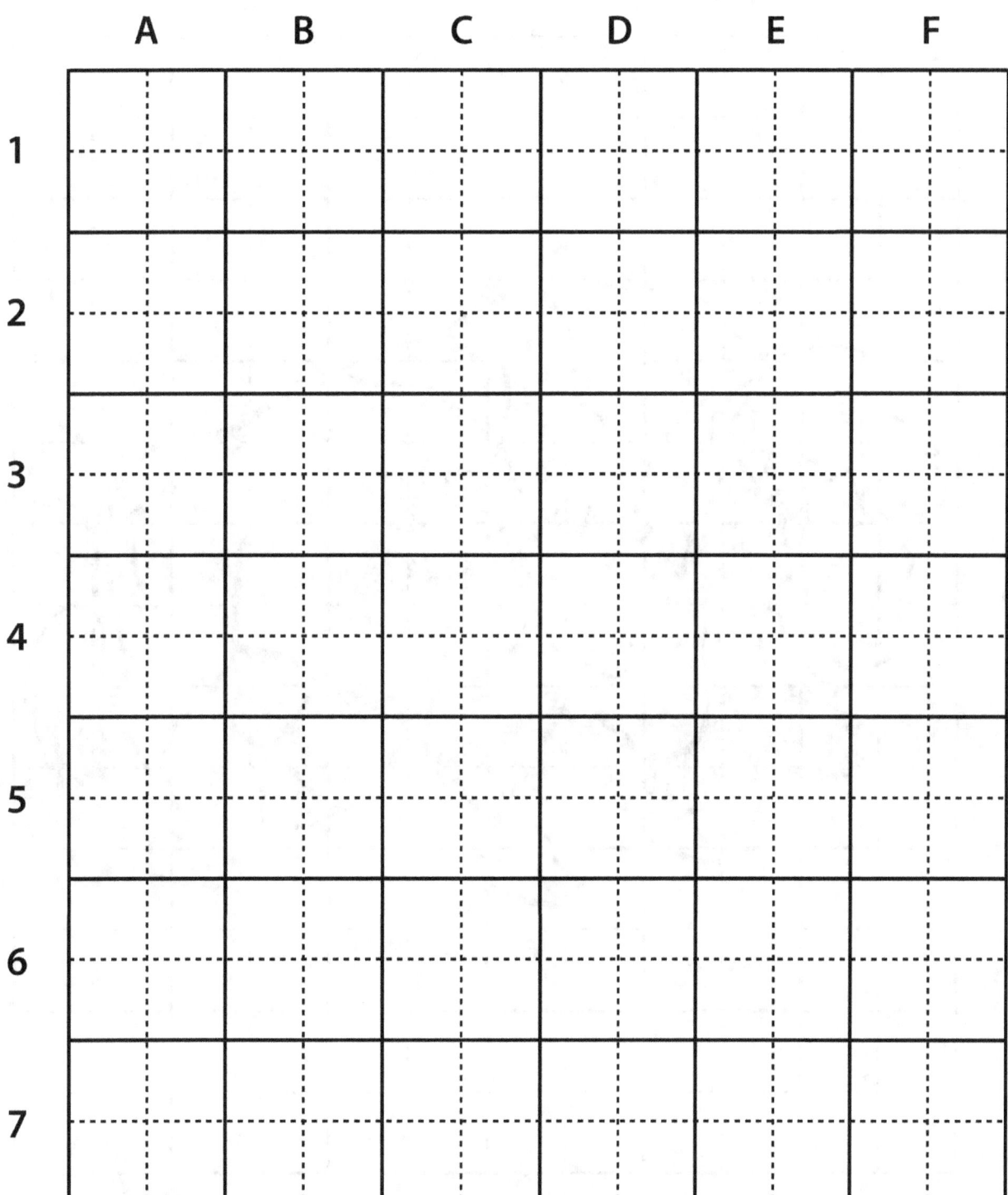

Bison

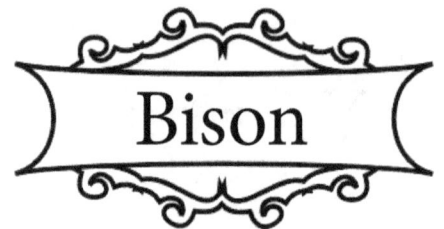

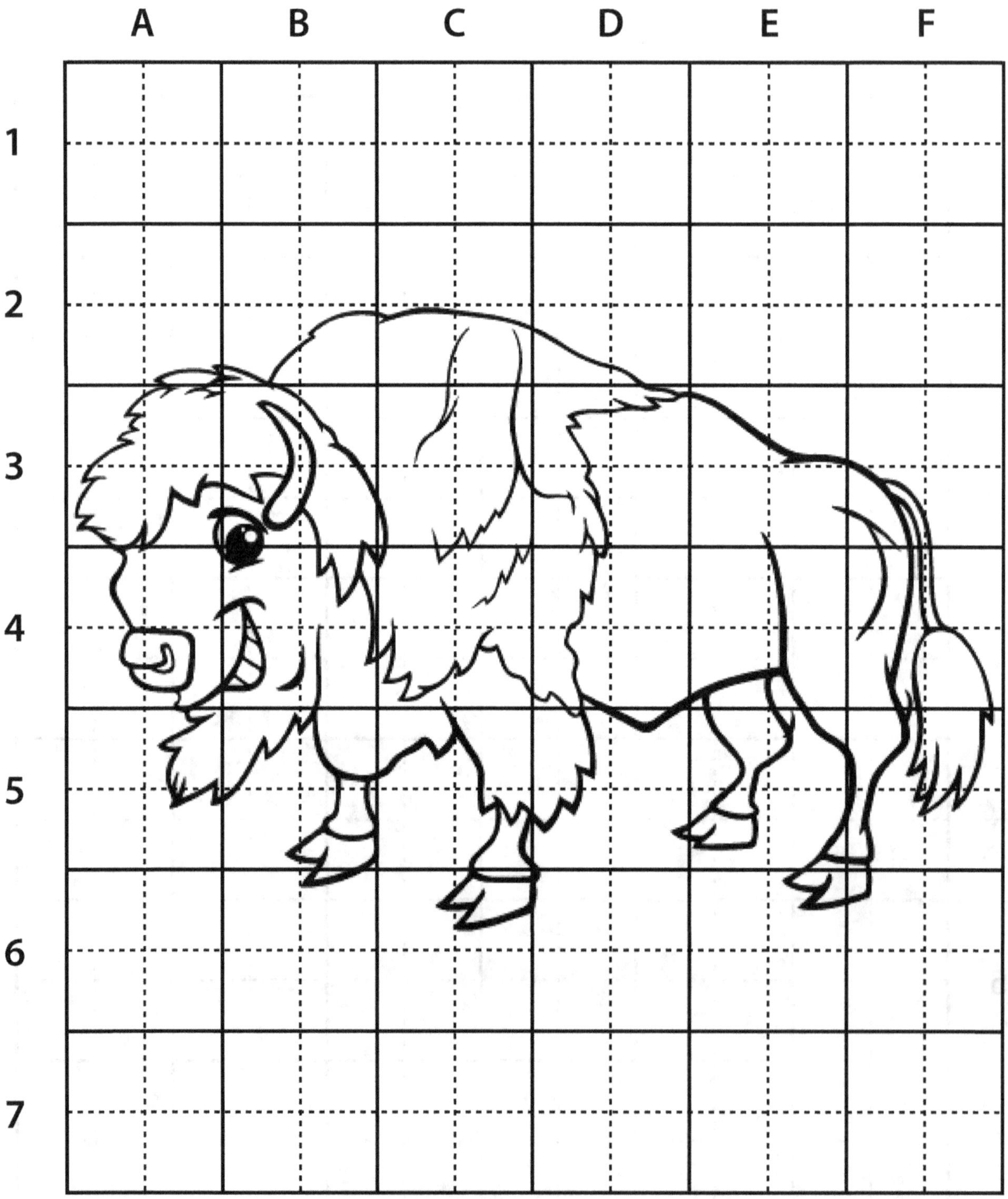

Your turn

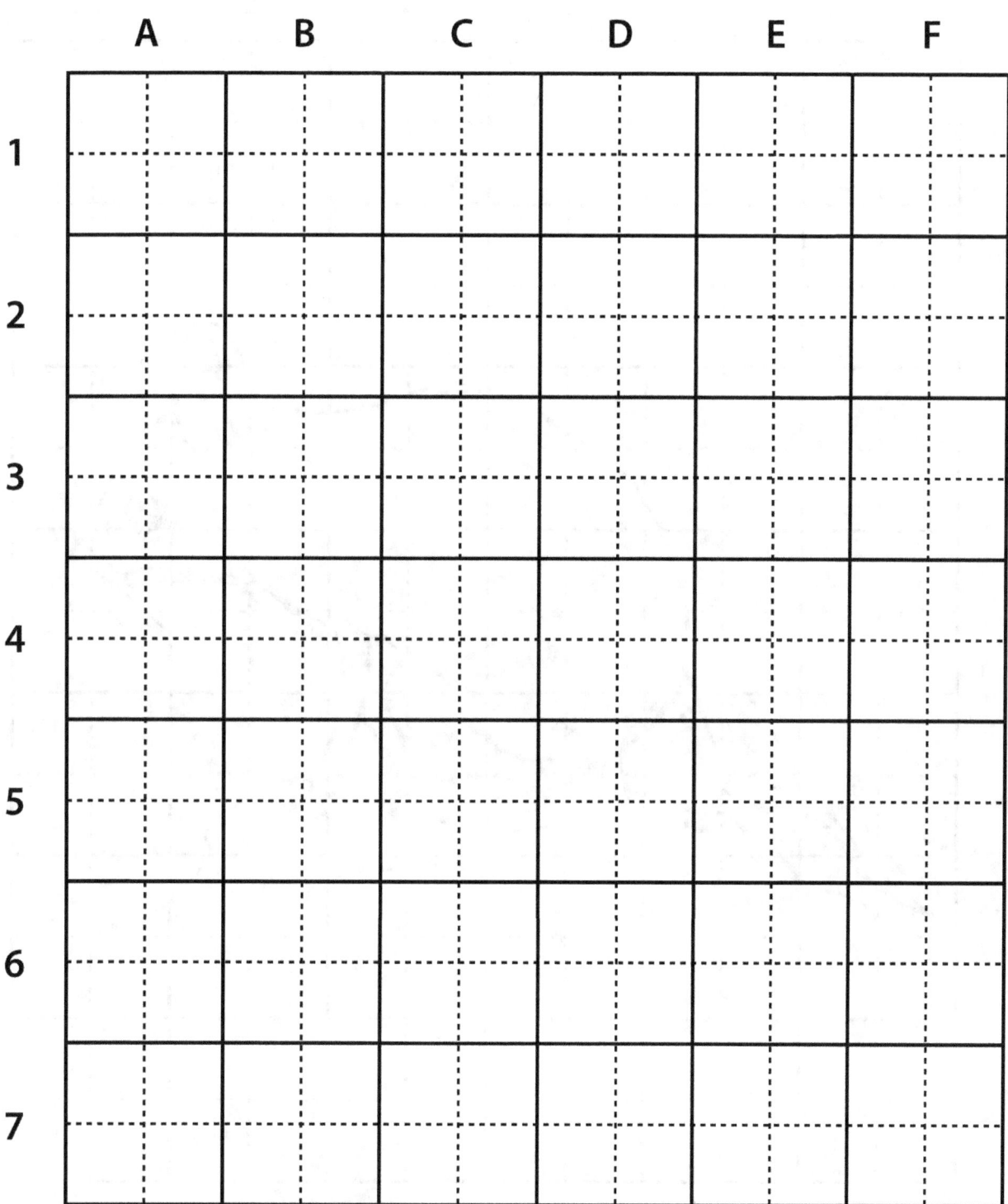

Shrew

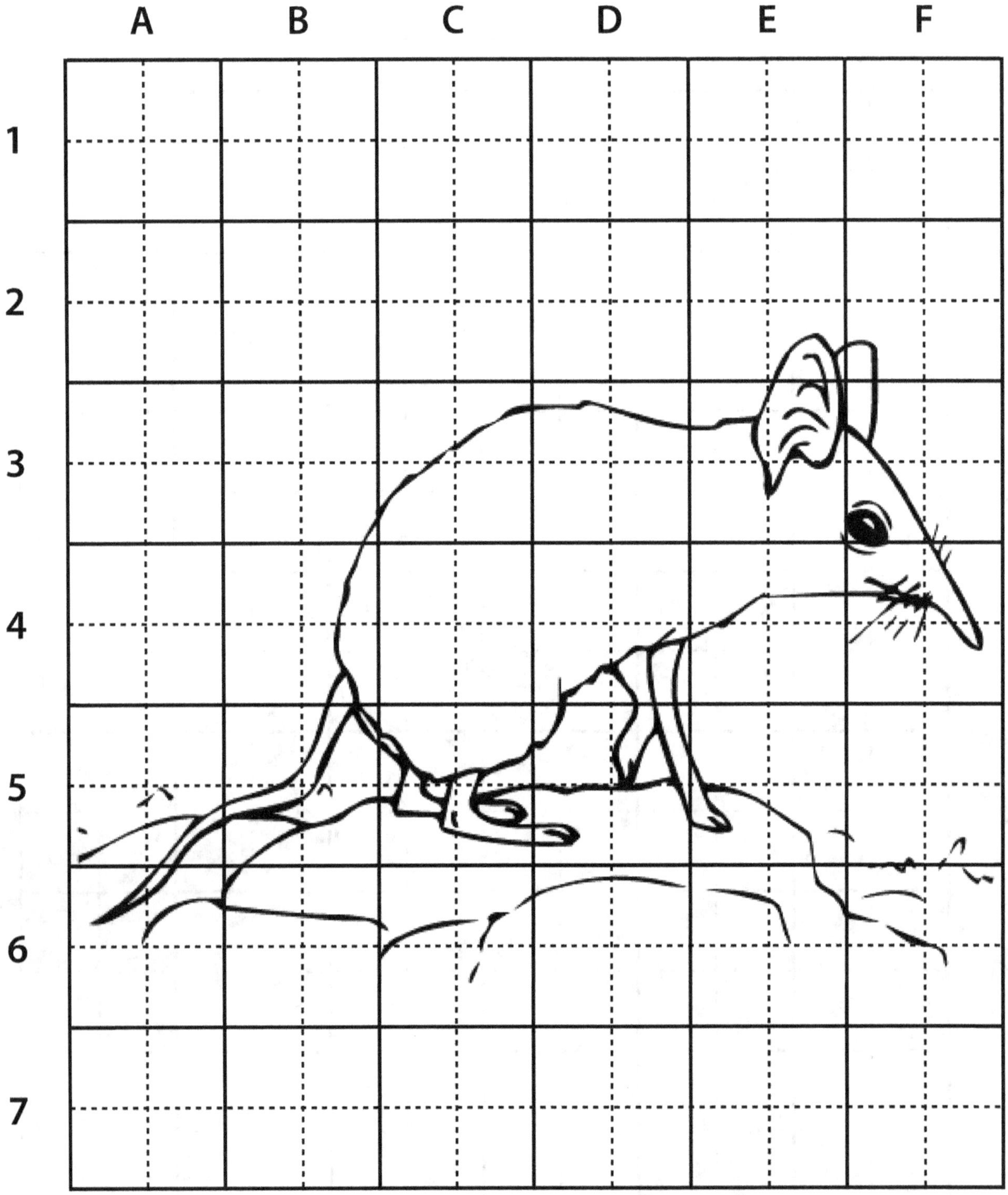

Your turn

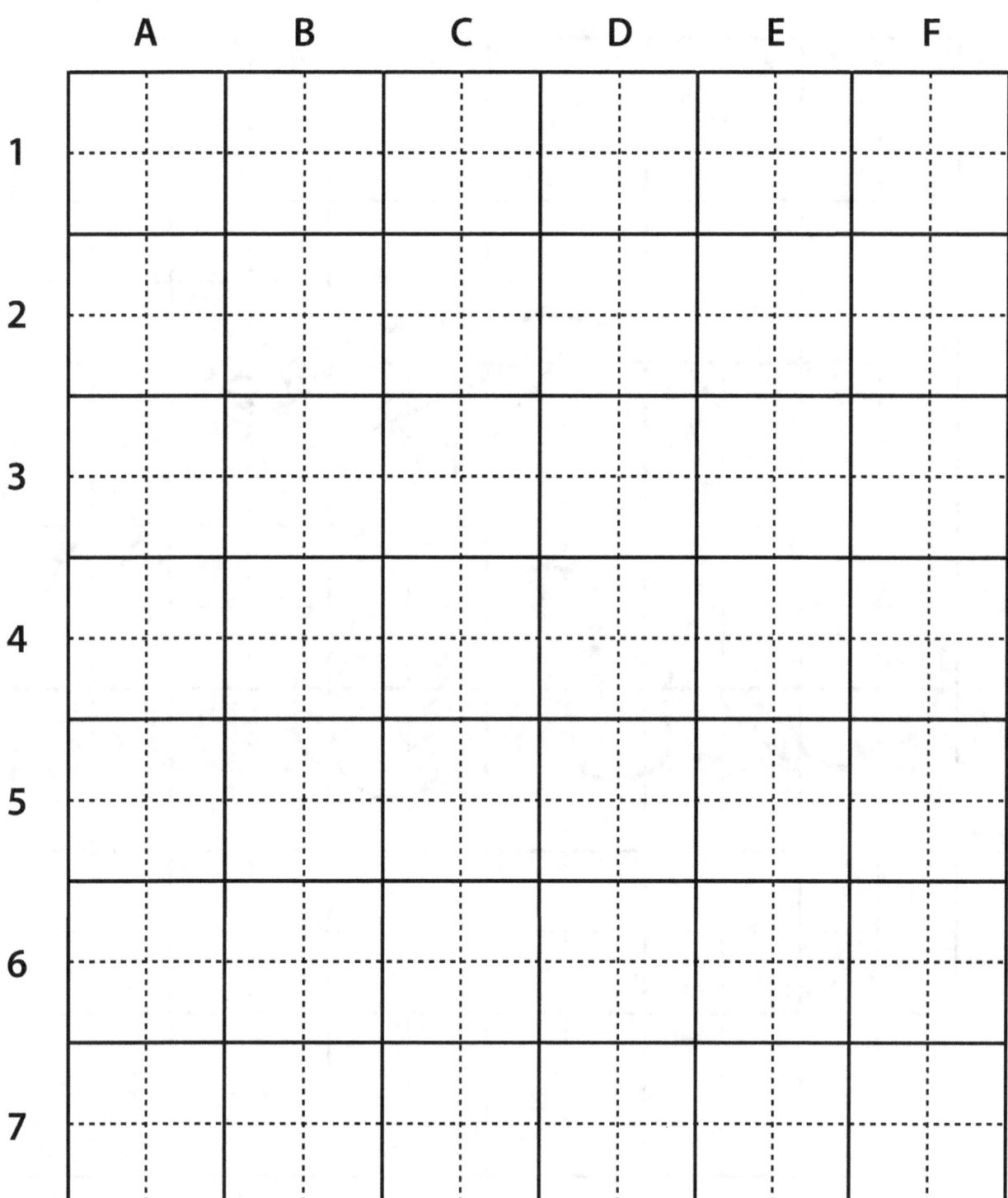

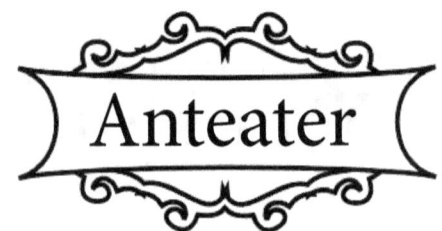

Anteater

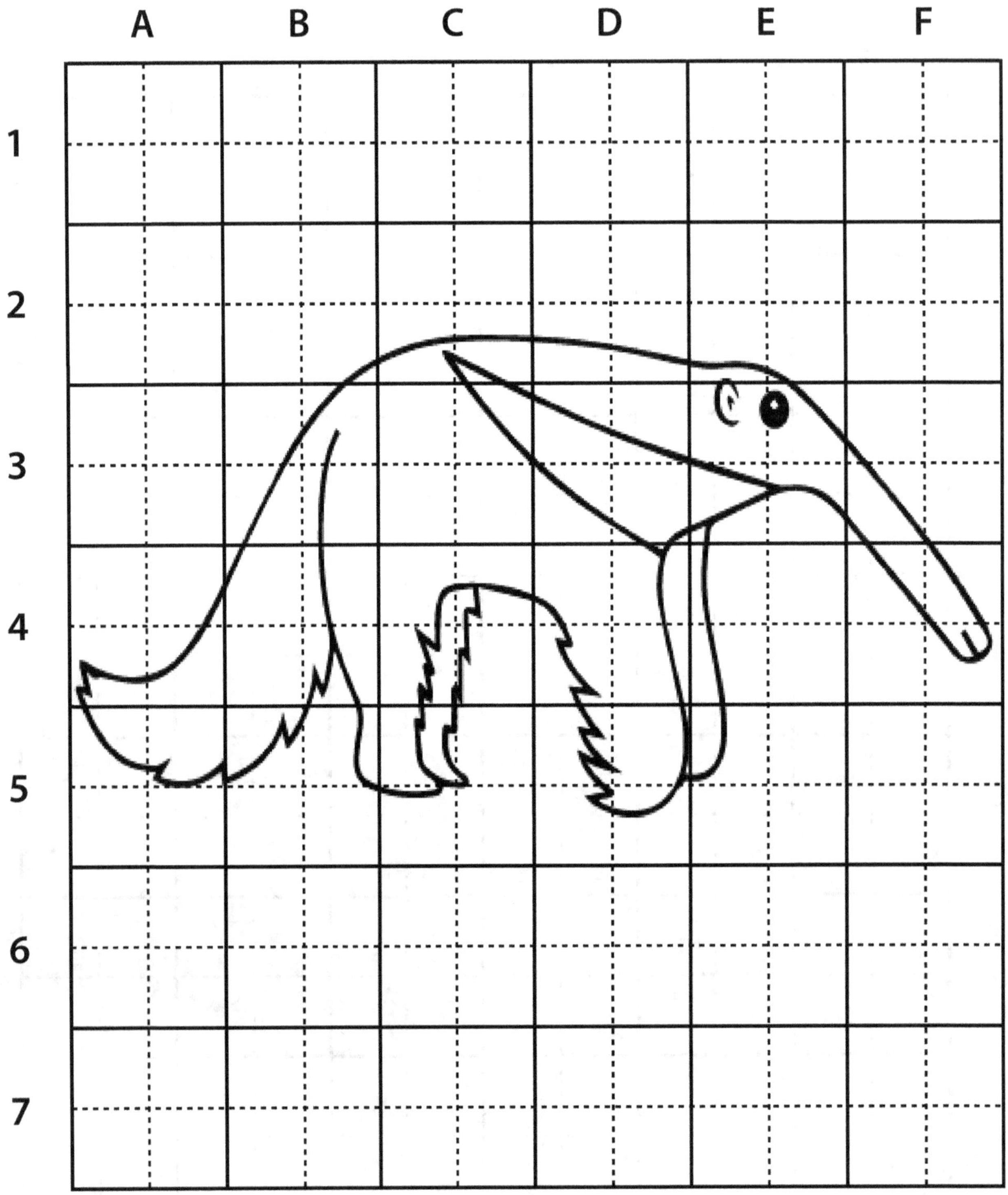

Your turn

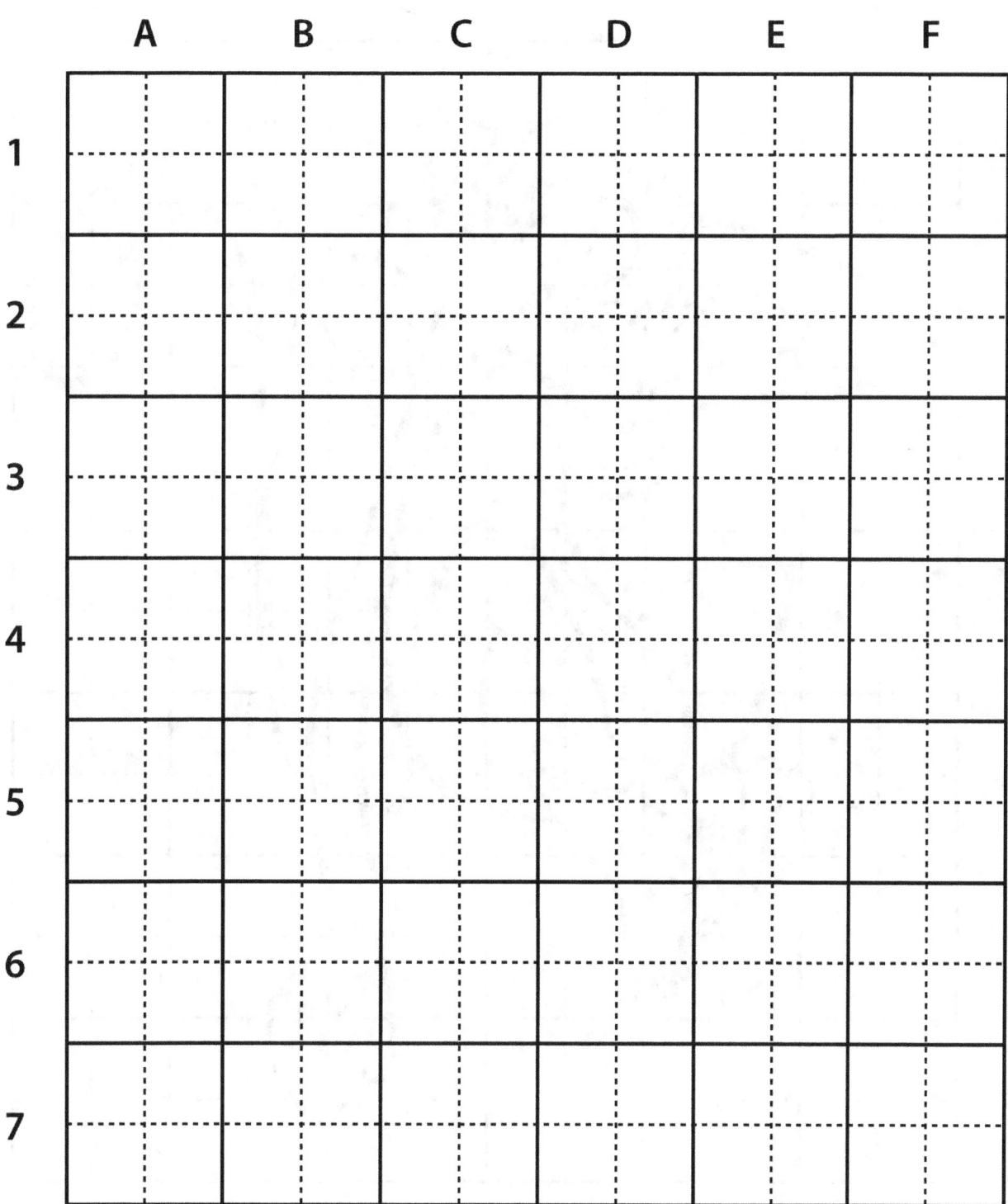

Chimpanzee

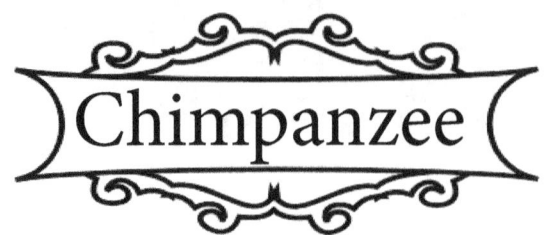

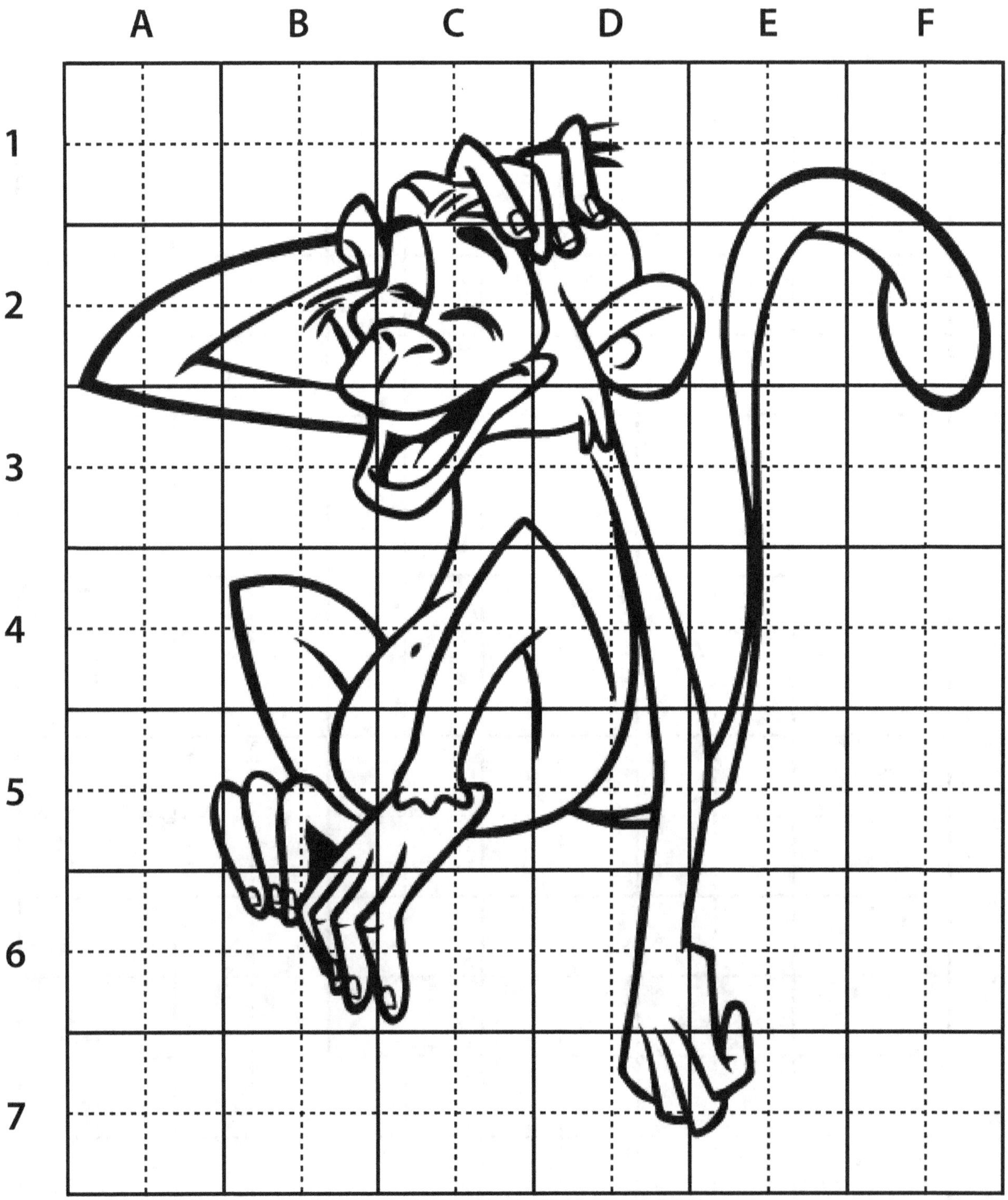

Your turn

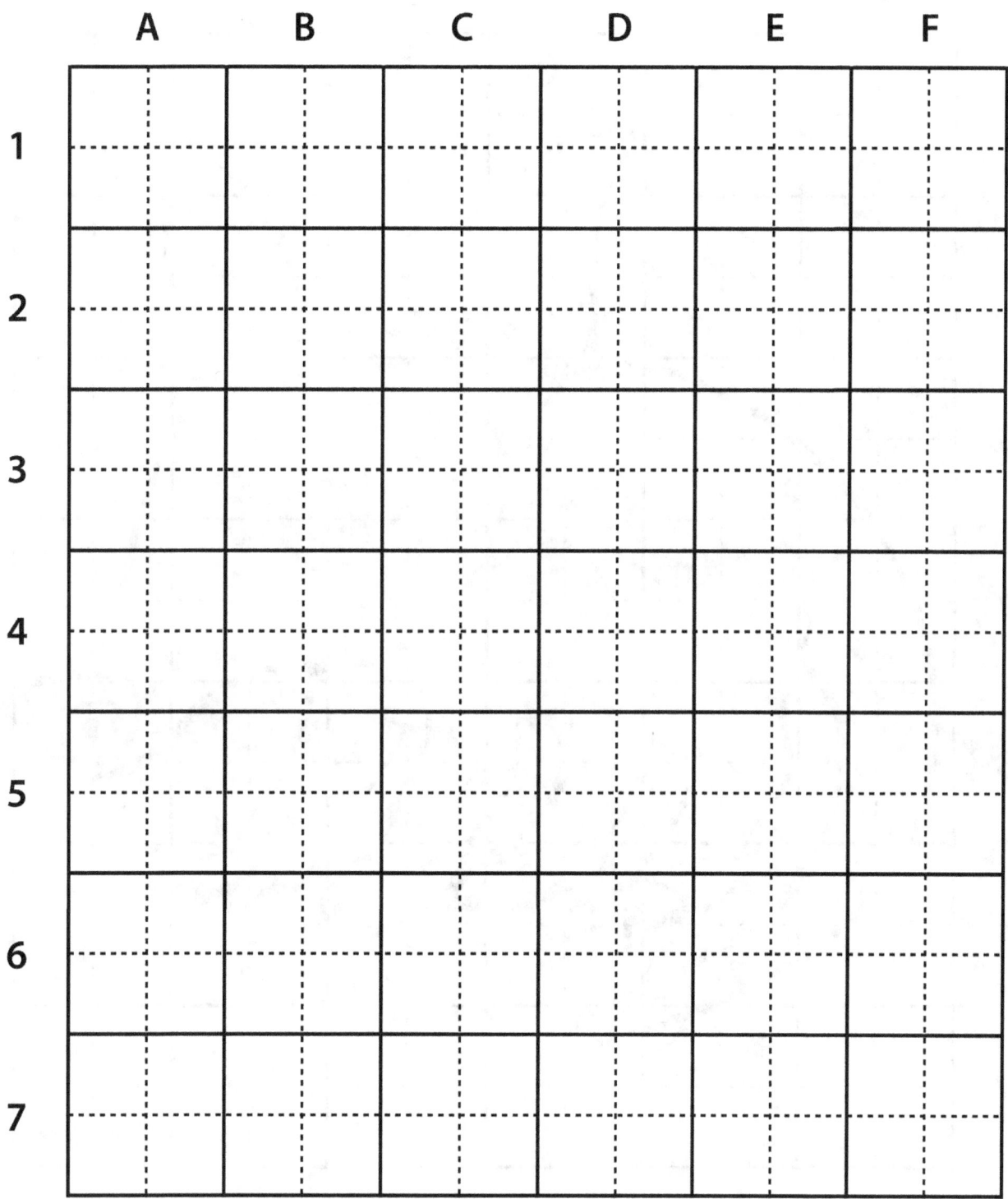

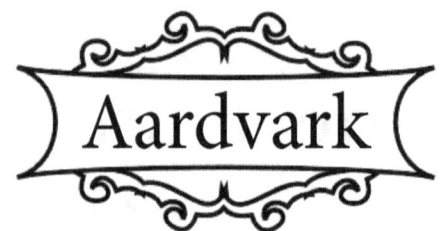

Aardvark

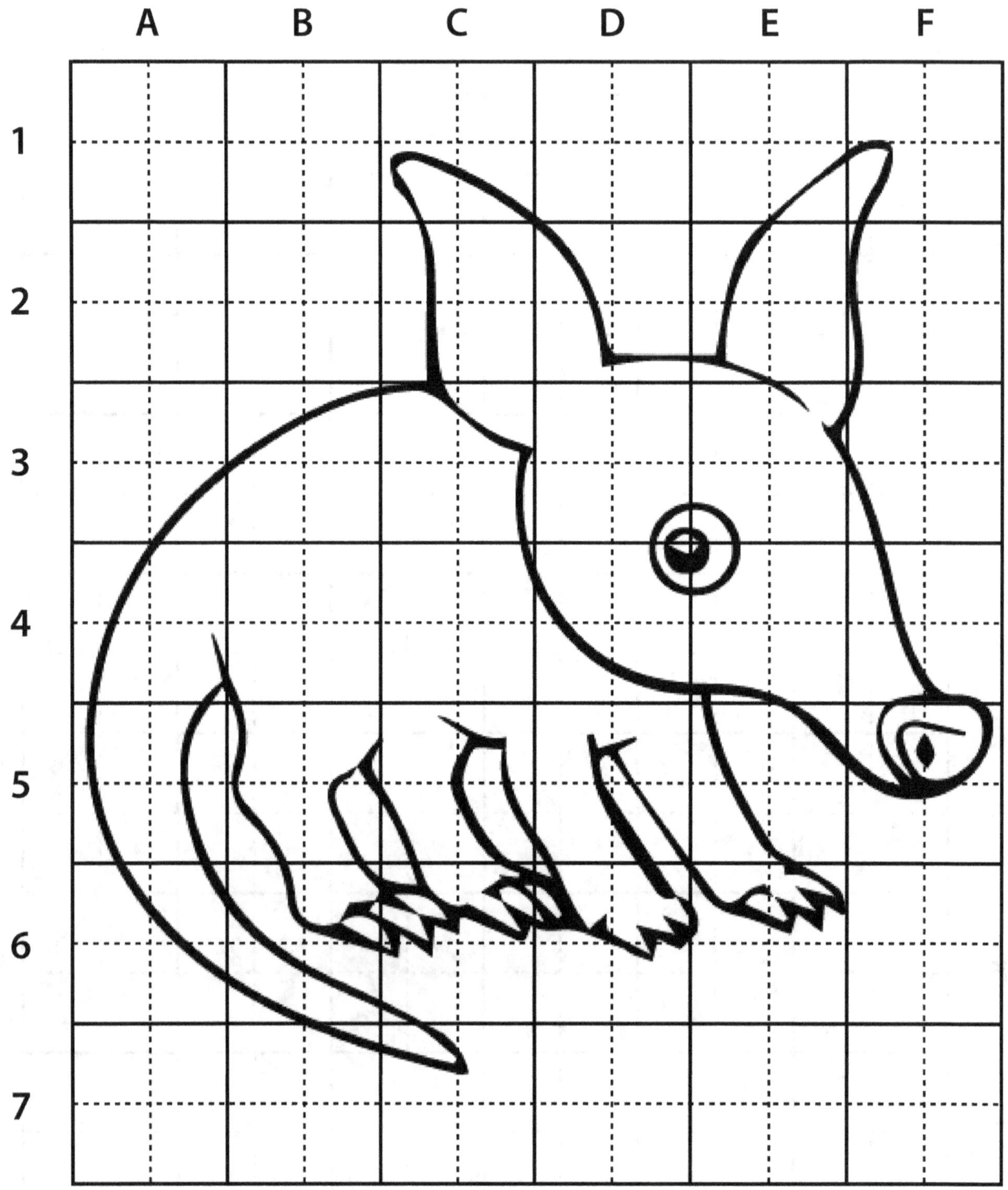

Your turn

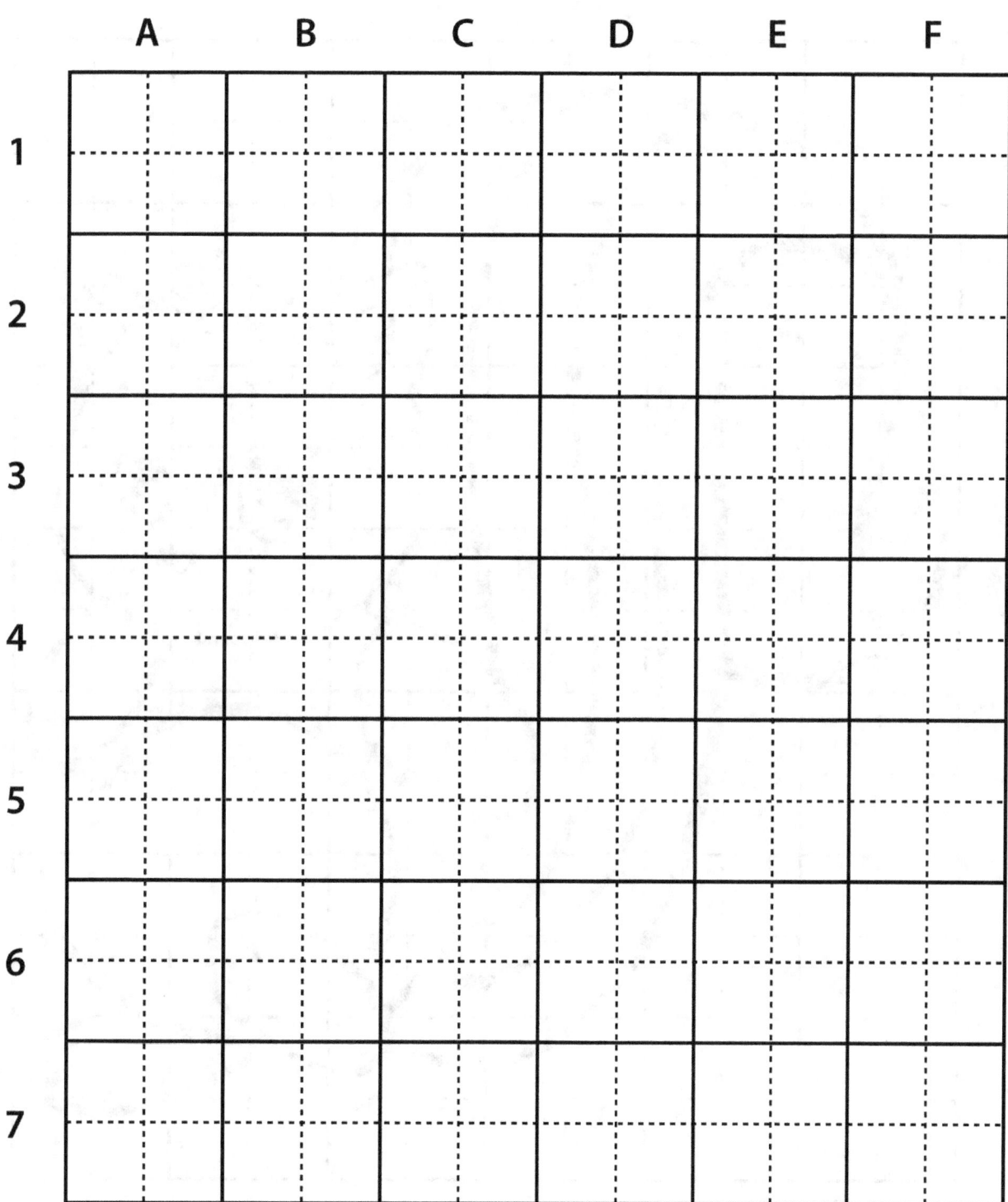

Skunk

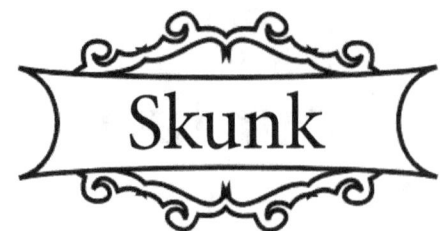

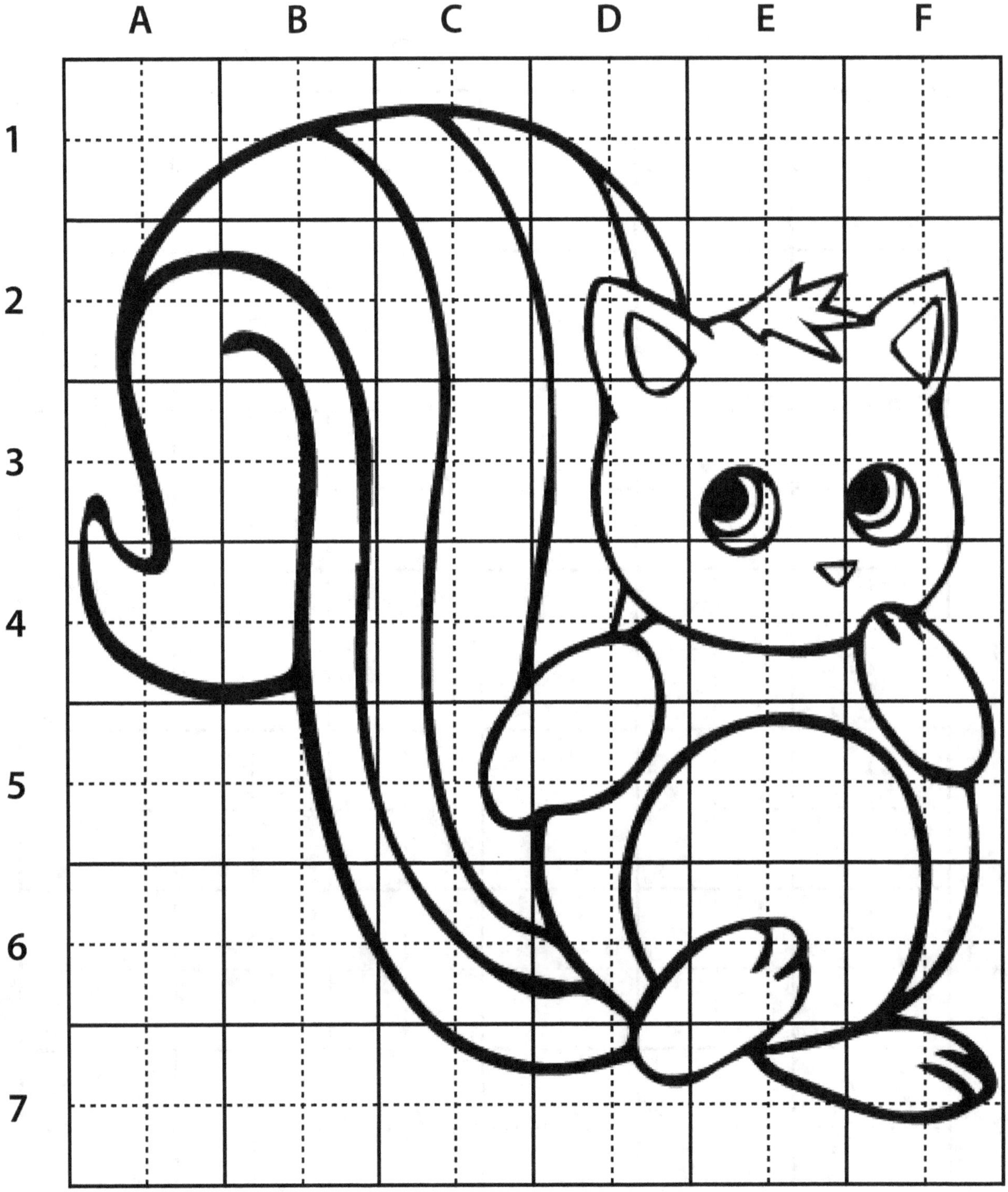

Your turn

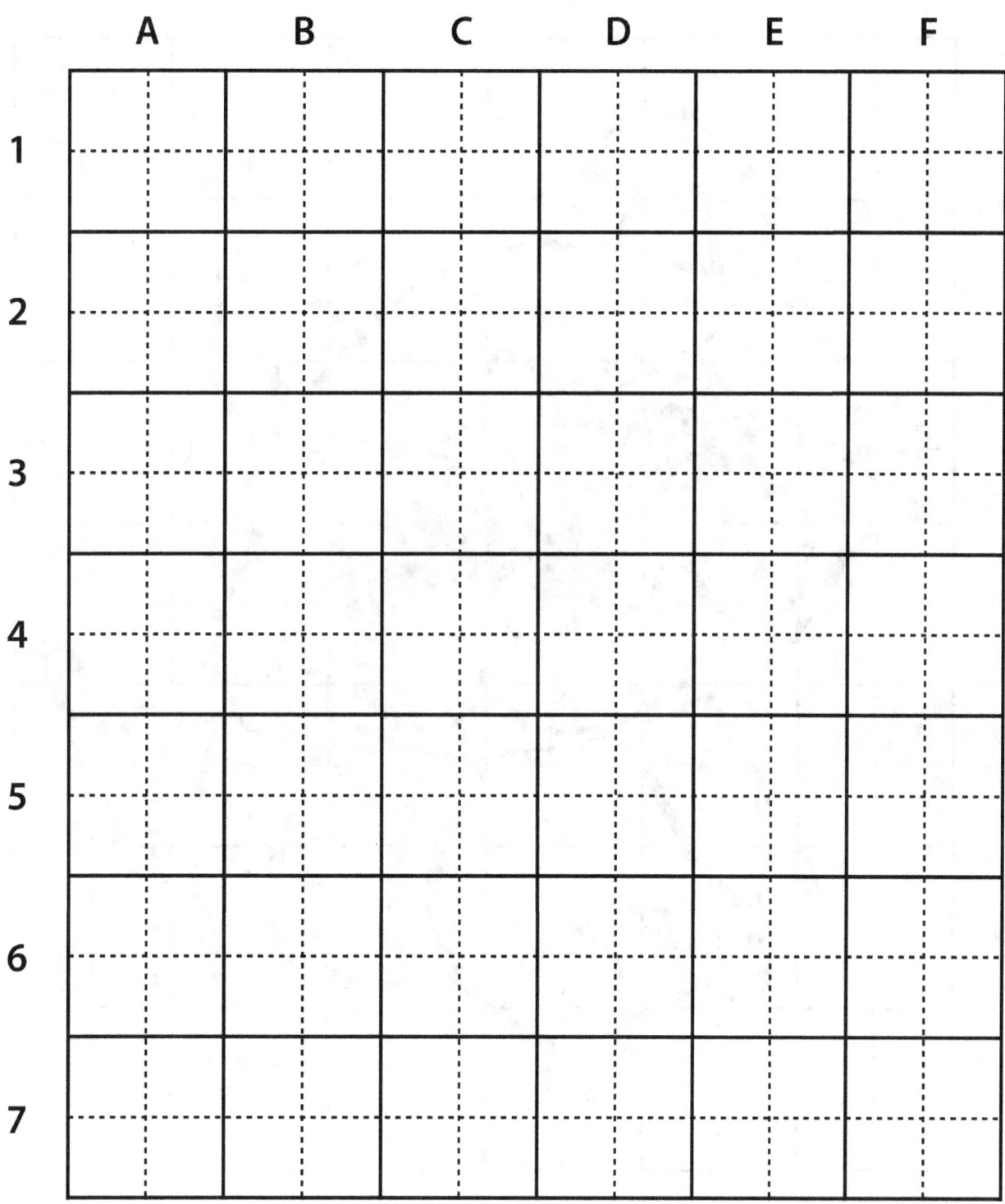

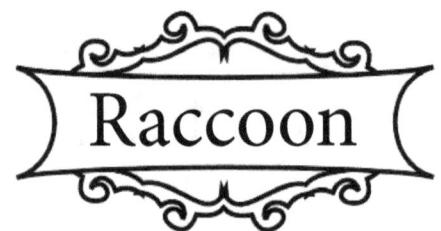

Raccoon

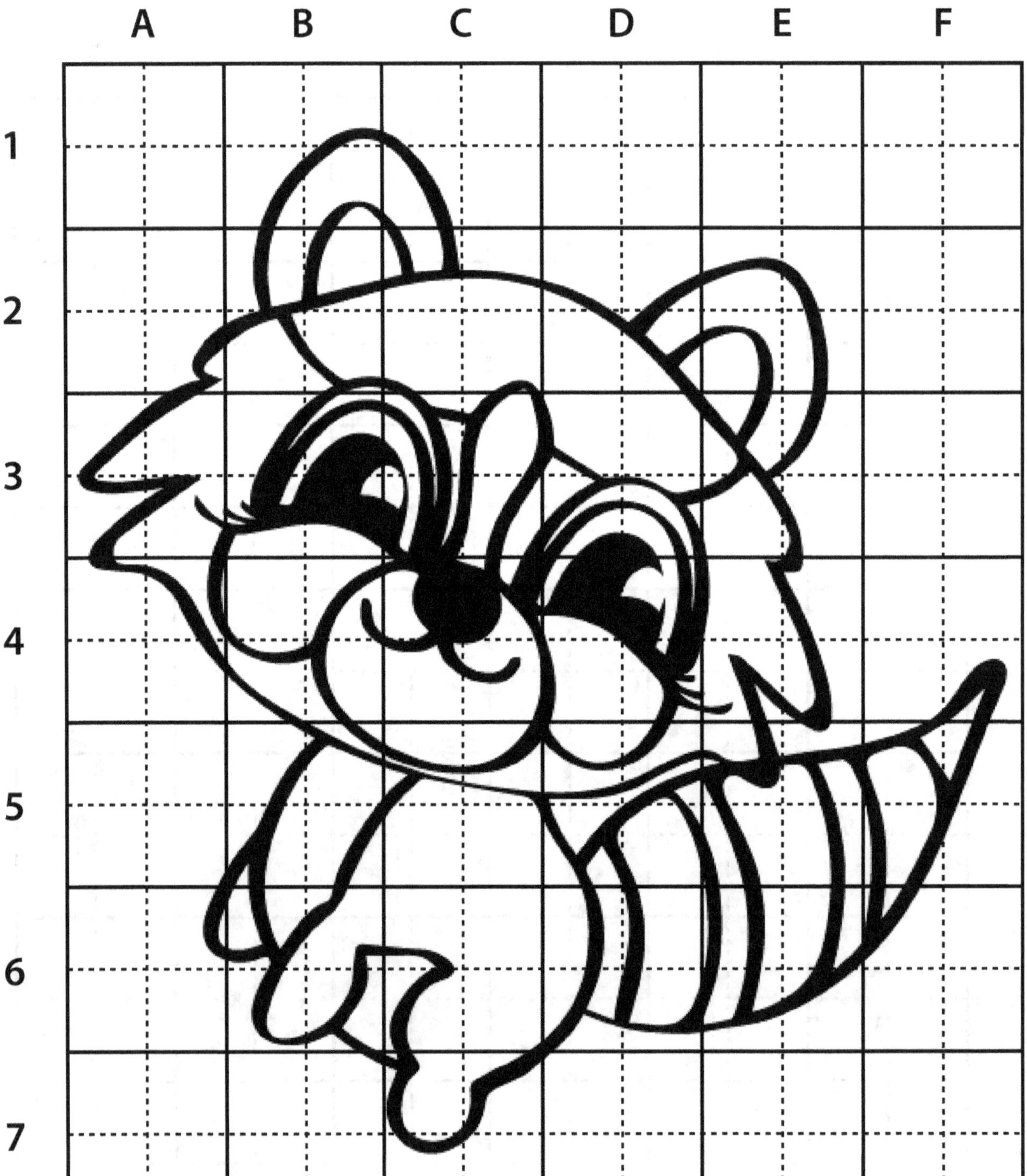

Your turn

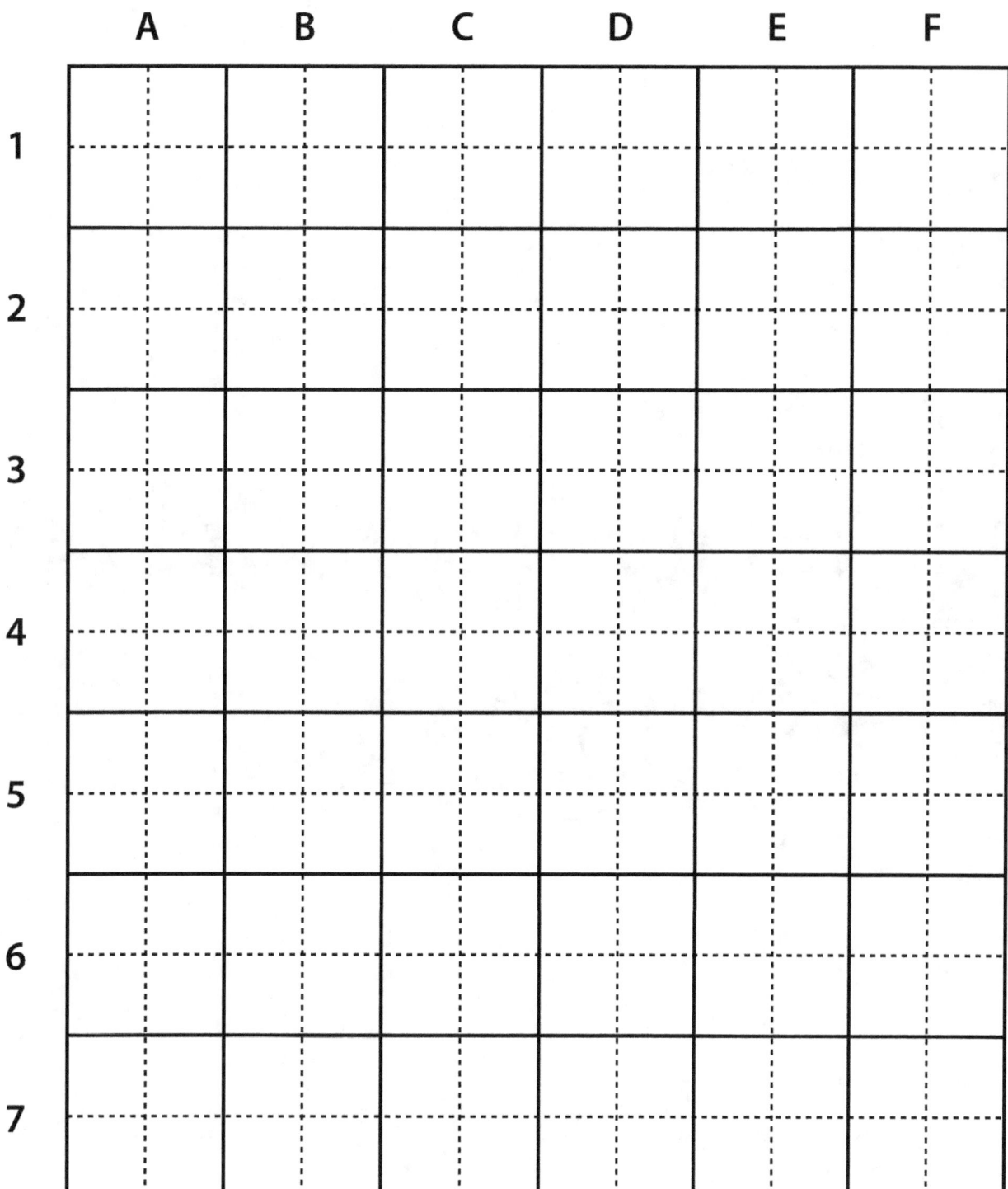

www.ingramcontent.com/pod-product-compliance
Lightning Source LLC
Chambersburg PA
CBHW081659220526
45466CB00009B/2824